川添泰信著

愚禿のこころ

永田文昌堂

はしがき

ここ十数年の間、一般向きに書いた十一編の原稿を、龍谷大学を定年退職する記念として一書にまとめることにしました。本書におさめたものは、龍谷大学での宗教活動の一環としての講話、東京の武蔵野大学での日曜講演、大阪の相愛大学での報恩講の法話、木辺派錦織寺の安居研修会での講義、そしてさらには長年、勉強会をおこなってきた人たちと共同で出版した法話集への寄稿、はたまた冊子のようなものへの寄稿などの様々な機縁によって書いたものです。その機縁の時々で想定される対象は様々です。それゆえ時にはきわめて平易であったり、また時には少し肩肘を張った表現であったりしています。内容についても、その時の機縁に応じて依頼をされたテーマであったり、自身がその時に関心を持っていたものであったりです。したがって全体として何か統一的なテーマにしたがって書かれたものではありません。ただ一つだけ言えるのは、親鸞の教えを学び、今を生きるわたしにとって、一度は考えておかなければならないことをテーマとして取り上げたと言うことです。もちろん内容としてはささやかなものですが、講演や講話、法話等は論文として執筆するものに比べて、著者の率直な想いがあらわれています。読者諸賢には、著者の偽らざる思いを少しでもくみ取っていただければ望外の幸せです。

なお、本書の出版に際しては龍谷大学非常勤講師の山﨑真純先生に校正の労を煩わせました。記して感謝の意を表します。さらに、これまで長い間、陰に陽に変わることなく私を支えてくれた妻照代に、心から感謝の意を表したいと思います。

最後になりますが、つたない一書の出版を快くお引き受けいただいた永田文昌堂主には厚くお礼申し上げます。

龍谷大学大宮学舎研究室にて
川 添 泰 信

目次

愚禿のこころ

一　伝道を考える

1　テレビの中の伝道

平成十一（一九九九）年四月から平成十二（二〇〇〇）年三月までの一年間、留学のためにサンフランシスコ近郊のエルセリートという町の丘の中腹に、一軒家を借りて住んでいました。

アメリカのケーブルテレビを見ていると、日本と顕著に異なった番組があることに驚かされます。それは洪水のように流されるキリスト教に関する番組の多さです。日本にも教養としての宗教に関する番組や、各々の宗教団体の提供するラジオ・テレビの番組がありますが、圧倒的にアメリカの方が多いようです。ことに土曜日・日曜日の放送となると、朝早くから数チャンネルでキリスト教の説教を放送しているのです。それは洪水のような量と言うべきものです。しかし多量のキリスト教の放送の中には、病気が一瞬にして治るというような番組もあることも確かです。そのような一面もなきにしもあらずでありますが、キリスト教の説教や、ミサの様子を映す番組の多さには本当に驚かされます。それはかつてキリスト教徒として当然の義務としてあった、日曜日には家族揃って教会に行くという習慣が、崩壊の危機に直面していることと関係するのかも知れません。

事実、私たちが住んでいた家の前の五十代の白人のご夫婦と、中高の娘二人のご家族は、日曜に教会に通っている様子は見られなかったのです。しかしなおまだ、日曜の午前中、家の近くの教会の前を車で通ると多くの正装をした人々が、家族揃って教会に集っておられます。いかにキリスト教が、今日なおアメリカの人々の生活の中に根付いているかを表しています。

2　教会のメンバーからの誘い

夏の頃であったように記憶しているのですが、ある日、ゼラニュームの鉢植えを片手に持った、一人の白人の三十代くらいの男性が、我が家を尋ねて来られました。我が家族にとって、隣近所にほとんど知り合いとていないアメリカ生活のことです。何事かと思って玄関に出てみると、その男性は丁寧に自分の名前を紹介し、「もし教会が必要であれば近くにありますので、どうぞ遠慮なく来て下さい」と言われたのです。初めての経験なので一瞬戸惑ったのですが、「申し訳ないが、私たちは仏教徒です」と言うと、「分かりました」、そして「お花をどうぞ」と言って、私たちに持ってこられた花をプレゼントして帰られたのです。

それから数ヶ月後、今度は少し寒くなった頃であったように記憶していますが、四〜五人の大変立派な身なりをした黒人の家族づれが、我が家を尋ねて来られたのです。そして「キリストには興味がありませんか」と言われたのです。その時、「私たちは、英語が十分うまく話せない」と言うと、「何語が話せるのか」と尋ねられたのです。「ジャパニーズ」と答えると、何種類かのカードのようなものを取り出して、私たちに見せられたのです。その中には日本語で書かれたものがあり、そこにはキリスト教の説明が書かれていたのです。カードを何種類か持っておられたということは、私たちが住んでいた地域は様々な国からアメリカに来た人々が住んでおり、それゆえ同じような説明が、数カ国の言葉で書かれていたのです。この時も同じように、「我々は仏教徒です」と答えると、「分かりました」と言って帰られたのです。これらはいずれも、教会のメンバーがキリスト教への勧誘をされたのです。

このような知らない人からの、積極的なキリスト教への勧誘の経験をした後、アメリカの浄土真宗では、仏教への勧誘はどのようになされているのか、と疑問に思い、開教使の先生に尋ねてみたのです。すると「確かにメンバーになった人には様々な方法でコンタクトが取られるが、まだメンバーでない人への働きかけはしませんね」と言うものであったのです。

日本でも、すでにお寺のご門徒になっておられる人々には、さまざまな方法で連絡がなされていますが、まだ門徒になっていない人々に対しては、積極的に何らかの形でコンタクトを取ろうとする姿勢は、極めて希薄といわなければならないでしょう。真宗の法の伝達の方法という意味では、日本もアメリカの真宗もあまり違いは見られないと思われます。

3　教会で学ぶ

以前、カリフォルニアのバークレーにあるＧＴＵ（連合大学院）で学んでいる、カソリックのクリスチャンの三〇代の女性と知り合いになりました。彼女は韓国の出身であり、日本の南山大学で数年間学び、日本語も十分に話すことができました。この女性は熱心なクリスチャンで必ずと言っていいほど夕方のミサに参加されていました。ある日の夕方、今から教会に行くと言われるので「私も一緒に行ってもいいですか」と聞くと、「どうぞ」と言うことでした。これまでアメリカの真宗寺院の日曜サービスには何度も行っていましたが、教会のミサには一度も行く機会がなかったので、ミサがどのようになされているのか見てみたいと思っていたのです。彼女に連れられ、大学のすぐ近くの教会に行きました。五時半からのミサに、多くの人がすでに集まっておられました。

その教会の名前はHoly Sprit Parishという名前で、通称Newman Hall、もしくはNewman Centerと言われ、大学の学生のためのものです。教会は極めてモダンなコンクリート製の建物であり、中は中央に半円形の段があり、その段に向かって二・三百人がゆうに座れるホールのような空間でありました。初めてのことなので、どのようにミサが行われるのか、興味津々の面もちで始まるのを待っていました。時間になると若い男性の司祭者が登壇しミサが始まりました。ミサの進行はあらかじめ決められているでしょうが、メンバーの信者さんによって式は進められていきました。

私がまず感心したのは、神父さんの法衣の色です。鮮やかな緑色をした頚から足下まで、身体をすっぽり覆うような法衣です。それはいやが上でもミサの荘厳さを醸し出す装束であり、私はその法衣の色の鮮やかさに感心したのです。そして、宗教儀式の中での衣体の重要さを改めて感じたのです。

ところで、ミサの神父さんの話の内容はどのようなものであったのか、私には皆目検討がつきませんでした。これは私の勝手な推測ですが、「隣人を愛せよ」と言う話だったのではないかと思います。なぜなら、参列者がミサの途中に、座っている前後左右の人と握手を始めたのです。私もそれを見習って、笑いとともに、周りの人と握手を交わしたのです。そしてまたしばらくすると、今度はまた参列者が、周りの人と肩を抱き合う動作を始めたのです。またまた私もその動作に習って、同じように見も知らない前後左右の人と肩を抱き合ったのです。そしてこのような行為を通じて、今まで見も知らなかった人々と何とも言えない親近感を感じたのです。ミサはおおよそ五〇分程度でしたが、最後に信者さんは、パンとワインを各々神父さんからいただいて終わったのです。もちろん、私はパンとワインをいただくということはありませんでした。そして私と同様に、パンとワインをもらわなかったカソリック以外の方々も結構おられました。ミサが終了した後、同行の女性が話してくれたところによると、今日のミサの神父さんはGTUの大学院の学生さんがされていた、ということでした。

この短時間のミサへの参列で私が学んだ点は、ミサの雰囲気を醸し出す神父さんの衣体の大切さであり、今一点はミサの途中で知らない人同士の握手と抱擁です。そしてミサにおけるこの握手と抱擁は、出席者同士のみならず、人間同士の結び付けをもたらす大きな働きかけということを改めて教えられました。

4　病院での体験

アメリカ生活も数カ月が経って生活になじんできた頃に、病気ということについて次のような経験をしました。それは私にとって初めての身体の変調であり、顔の耳下の部分が腫れ上がるというものでした。別に痛みはなかったのですが、食事の度ごとに腫れあがり、しばらくするとその腫れは自然におさまるというものでした。これはいけないと思い、仏教を勉強している知人に電話をし、土曜日でしたので救急病院をどこか知らないか、と尋ねたのです。そして所在地はもちろんのこと、病院でどのように手続きをしたらよいか、もう全てが分からないので出来れば一緒にきて欲しいとお願いしたのです。彼も快く承諾し、一緒に救急病院に行ってもらうことになりました。

待合室で数時間も待たされた後、診察室に通されました。またしばらく待たされた後ようやく診てもらうことが出来ました。二人のドクターの診察の結果は、おそらく口の中に通じる唾液の管が詰まっているのであろう、とのことでした。そして対処方法としては「酸っぱいレモン水を沢山取りなさい」と言うものでありました。ドクターの指示通り沢山のレモン水を取ったところ、症状は二日余りで落ち着きました。私の原因不明の症状は、このようにして大事に至らず比較的軽くおさまったのですが、大変興味深かったのは同行してくれた知人が、診察してもらったドクターの一人と顔見知りであったことです。病院を出てから彼に聞いたところ、自分は日曜日、バークレーの近くにあるオークランドのお寺の手伝いに行っているが、その白人のドクターは、ときおりお寺に来ておられるということでした。

さらに、どうしてドクターがお寺に来ておられるのか、と聞くと、奥さんが日系人なので、それで一緒にお寺にお参りに来ておられるとのことでした。いろいろ話を聞きますと、日系の女性がアメリカ人と結婚すると、その女性に連れられて女性が通っていたお寺にアメリカ人も来るようになり、また日系の男性がアメリカ人の女性と結婚すると、そのアメリカ人の女性が行っている教会に行くようになると聞いたのです。私の行っていたお寺にも、そんなに人数は多くはありませんでしたが、非日系の人もおられました。結婚により、お参りするお寺や教会が変わるということは、日本においてもよく耳にします。ただ日本では、男性は結婚しても、その女性の宗教と共にするというケースは稀であり、逆に女性が結婚すると、その男性の家の宗教を共にするという場合が圧倒的に多いのではないでしょうか。

日本とアメリカという相違はあっても、結婚によって個々の宗教が変化するということは、法が伝わる縁の不思議さとしか言いようのないものです。それと同時にまた縁の大切さをも表していると思わされました。

5　真宗伝道を考える

アメリカに住み、アメリカの浄土真宗の活動を見聞していて、親鸞聖人の伝道とはどのようなものであろうか、ということについて様々に思いをめぐらしていました。大正十年（一九二一）、浄土真宗本願寺派の蔵から見いだされた、親鸞聖人の妻、恵信尼が季女、覚信尼に書き送った『恵信尼消息』には、自らの精神的遍歴をほとんど語ることのなかった親鸞聖人の内面世界について、次のように吐露されています。

よくよく案じてみれば、この十七八年がそのかみ、げにげにしく三部経《さんぶきょう》を千部よみて、すざう利益《りやく》のためにとてよみはじめてありしを、これなにごとぞ、

自信教人信《じしんきょうにんしん》　難中転更難《なんちゅうてんきょうなん》とて、みづから信じ、人を教へて信ぜしむること、まことの仏恩《ぶっとん》を報ひたてまつるものと信じながら、名号《みょうごう》のほかにはなにごとの不足にて、かならず経をよまんとするやと、（『註釈版』八一六頁）

それは、建保二、三年（一二一四、五）、親鸞聖人四二、三歳のころに、衆生利益のために三部経を千回読もうと思い立ち、読み始めたのですが、自信教人信の名号以外には真実に人々を救うことはできない、と思い返して読むのを中止したという出来事です。ここに名号の救いを自ら信じ、また他に教えて信じさせる以外には何ものもないということが明かされているのです。したがって、親鸞聖人においては名号こそが唯一の真実なる救いなのです。そしてさらに親鸞聖人は『歎異抄』において次のようにも述べられています。

善悪のふたつ、総じてもつて存知せざるなり。そのゆゑは、如来の御こころに善しとおぼしめすほどにしりとほしたらばこそ、善きをしりたるにてもあらめ、如来の悪しとおぼしめすほどにしりとほしたらばこそ、悪しさをしりたるにてもあらめど、煩悩《ぼんのう》具足の凡夫《ぼんぶ》、火宅《かたく》無常の世界は、よろづのこと、みなもつてそらごとたはごと、まことあることなきに、ただ念仏のみぞまことにておはしますとこそ仰せ候ひしか。まことにわれもひともそらごとをのみ申しあひ候ふなかに、ひとついたましきことの候ふなり。

（『註釈版』八五三～八五四頁）

内容は、真実なる如来と同じく善なるものを善と知り、また同じく悪なるものを悪と知るのであれば、われわれも真実に善悪を知る、ということができるが、この煩悩具足の凡夫の火宅無常の世界は、嘘、偽りであり、真実なるものはなく、ここにおいては念仏のみが真実であり、わたしも他人も誤った事のみを言っている、と示されるのです。いわば、念仏が真実であるということと、われわれが念仏の教えを説示するということは別でありましょう。真実なる念仏をわれわれが説示する、そこには私が入っているのです。私の入った念仏は真実そのものの念仏ではないでしょう。このことは親鸞聖人における伝道そのものの性格を示しているのではないでしょうか。

伝道とは真実なる念仏を開示することですが、しかし凡夫としてのわれわれが開示する限り、その念仏は真実なるものではないということです。ここには親鸞聖人における伝道の基本姿勢が示されているのではないかと思われます。すなわち、われわれがなす伝道は常に「そらごと」、「たはごと」である、という姿勢のもとになされなければなりません。それは、念仏を説示する立場をも根本的に問うているということです。言うなれば、われわれが行う伝道は、いかにその人が真摯であったとしても、「そらごと」「たはごと」なのです。そして人が真摯であれば真摯であるほど、自らなす伝道が「そらごと」「たはごと」として見えてくるのではないでしょうか。このような姿勢においてこそ、親鸞聖人の浄土真宗の伝道は開示されるべきものではないかと思われるのです。

そして、自らなす伝道が「そらごと」「たはごと」であるにもかかわらず、伝道を真摯になそうとする姿勢のところに、各々の全力をつくした創意と工夫が自ずと示されてくるのではないかと考えます。

真宗において法を伝達すると言うことは、一体何をどのようにすればよいのか、という今日の念仏者としての実践の内容が問われています。それはまた同時に、現代における真宗とは何なのか、という根本的な問題をも提起しているのではないか、と思うのです。

二　自ら倒れた大仏

1　金色の大仏

今だ混乱のなかにあるアフガニスタンの首都、カブールの北西一二五キロにある、高さ五三メートルのバーミヤンの大仏が、世界の囂々《ごうごう》たる反対の声を無視して、タリバーンによって平成十三年（二〇〇一）三月、爆破・破壊されました。多くの人がニュースで爆破のシーンを見られたものと思います。この大仏について、最初に見られる文献は、国禁を破ってインドに経典を求め、後に『西遊記』のモデルともなった、中国・唐代の玄奘三蔵（六〇二～六六四）の『大唐西域記』に王城の東北の山の阿《くま》（隅《すみ》＝筆者註）に立仏の石像の高さ百四、五十尺のものがある。金色にかがやき、宝飾がきらきらしている。東に伽藍がある。この国の先の王が建てたものである。伽藍の東に鍮石《とうせき》（一種の「しんちゅう」＝筆者註）の釈迦仏の立像の高さ百尺余のものがある。身を部分に分けて別に鋳造し、合わせてできあがっている。

（水谷真成訳注『大唐西域記』一、『東洋文庫』六五三、一二四頁）

とあるものです。玄奘三蔵がたずねた時、大きい方の石仏の様子はまばゆいばかりの金色に輝き、ありとあらゆるさまざまな宝石によって飾り立てられ輝いていたということです。また小さい方の仏は、真鍮によって鋳造されていると言われますので、同じように金色に輝いていたものと思われます。この小さい方の百尺余（三五メートル）の仏は釈迦仏とされますが、専門家の意見によれば弥勒仏とも、阿弥陀仏ともいわれ、実際のところは何仏か不明といわれています。

2　無知で倒れた大仏

大仏が何のためにつくられたのか記録がない以上、想像の域を出ませんが、仏像を制作した人々の思い、つまりそれは仏への尊敬、賛嘆、そして同時に人々の幸せであったことはいうまでもないでしょう。今も昔も変わらぬ、他国の侵略による戦争、さらには厳しい自然環境等のなかにおいて、その地に生きる人々の平安を願ってつくられました。

ところで、この大仏について、朝日新聞の「天声人語」に、次のような記事が掲載されました。

彼（イランの映画監督モフセン・マフマルバフ氏＝筆者註）は、アフガニスタンは他国の干渉よりもむしろ無関心に苦しめられた、と考える。………監督の結論はこうだ。バーミヤンの仏像は破壊されたのではなく、恥で倒れた。

世界の無知の前に仏像の偉大さなど力にならないと知って倒れたのだ。もちろん、象徴的な言い方だが、胸に迫る。（平成十三年（二〇〇一）、十、十）

であります。新聞に掲載された監督の言葉は、仏像は仏像として単に存在しているだけでは、何の意味もないということです。言い換えれば、仏の願いを、人間の願いとして生きなければ仏像の意味はないということです。そしてそれは世界の人々に向かって言われた言葉です。爆破し破壊されたとみるかぎり、大仏は貴重な美術品か、もしくは歴史的遺産としての仏像であります。

しかし、大仏は人々の幸せが願われた仏であり、それゆえ大仏はその人々の願いを象徴し体現しているものです。この度の仏像の倒壊は人間の無知、そして人間の悲しさ、愚かしさを知らせるために自らの身をもって示した、と領解するところにこそ、「仏像は人々を救う願いを持つ仏である」として受け止めている、ということができるのではないでしょうか。

3　平和の言葉

その後、平成十三年（二〇〇一）九月十一日、ニューヨークの世界貿易センターが、テロによって破壊されました。そして多くの人がその犠牲になり、世界はこの事件に激しい衝撃をうけ、深い悲しみと共に、テロに対して激しい憎悪も抱きました。アメリカを中心として、テロ殲滅《せんめつ》の名のもとに戦争が行われ、再び多くの生命が無惨《むざん》に失われました。このような異常な状況下において、ニューヨークではテロ直後から犠牲者の追悼集会が行われ、世界の各宗教の祈りが行われました。

そのなか仏教を代表して祈念した最後の言葉は「怒りによって怒りをしずめることはできない。怒りなきところに平和の道が開ける」（『法句経』）〔「非常時だからこその宗教―爆破テロの中で」中垣顕実 www.asahi.com:MYTOWN:USA〕(1)

であったということです。
伝え聞くところによると、激しく動揺した人々のなかにおいて、その言葉を発したときの周りの雰囲気は何とも形容しがたい、怒りの感情さえ感じさせるような眼差しであったと言うことです。いうまでもなく仏典は争いのない世界を願っています。私たちの日常生活にも見れることとしては、次のようなことも言われています。

荒々しいことばを言うな。言われた人々は汝に言い返すであろう。怒りを含んだことばは苦痛である。報復が汝の身に至るであろう。

（中村元著『ブッダの「真理のことば」「感興のことば」』、岩波文庫二一九頁）

我々の日常生活を見回してみても、怒りに満ちた言動の何と多いことでしょうか。人はその怒りに満ちた言葉によって自分を、また他人を苦痛に陥れ、怒りを限りなく生み出しているのです。そして、怒りに怒りをもってしては終わることのない憎悪の世界を断ち切る願いは、日本の法然聖人（一一三三〜一二一二）の伝記にも見ることができます。

時国ふかき疵をかうぶりて死門にのぞむとき、九歳の小児にむかひていはく、汝さらに会稽の耻（恥の俗字）（中国の故事、仇討ち・復讐＝筆者註）をおもひ、敵人をうらむる事なかれ、これ偏に先世の宿業《しゅくごう》なり。もし遺恨をむすばゞ、そのあだ世々につきがたかるべし。しかじはやく俗をのがれいゑを出で我菩提《ぼだい》をとぶらひ、みずからが解脱《げだつ》を求にはといひて端坐《たんざ》して西にむかひ、合掌して佛を念じ眠がごとくして息絶にけり

（『法然上人行状絵図』（『勅修御伝』・『四十八巻伝』）、『法然上人伝全集』六頁）

それは、地方の豪族であった法然聖人の一家が、押領使の明石源内定明によって夜討ちにあい、そして死に瀕した父、時国によって語られた言葉が、決して復讐を考えてはならない、もし、怨みをなすならば怨みを生み、決してつきることは

ないであろう、と幼き法然聖人に言い残し息絶えたというものです。

4　共に凡夫

日本で本格的に仏教の理念を政治に取り入れたのは「和国の教主」とも呼ばれる聖徳太子（五七四〜六二二）です。聖徳太子は、その薨去の直後より人々に崇敬の念を持たれはじめ今日に至っています。このことは日本の歴史的・宗教史的展開の中においても極めて稀であります。このような意味においても太子は特記すべき存在ですが、日本における宗教改革の時代である鎌倉時代に出生した親鸞（一一七三〜一二六二）も、太子をことのほか崇敬の念をもって讃嘆しているのです。

太子薨去の翌年、橘大郎女《たちばなのおおいらつめ》の発願によってつくられた『天寿国曼荼羅銘文』は、今日「上宮聖徳法王帝説」によって伝えられますが、この一節に「我大王告ぐる所、世間虚仮唯仏是真なり」とあります。その「世間虚仮唯仏是真」の思想は、『歎異鈔』の「煩悩具足の凡夫、火宅無常の世界は、よろづのこと、みなもつてそらごとたはごと、まことあることなきに、ただ念仏のみぞまことにておはします」(『註釈版』八五三〜八五四頁)と類似します。つまり太子の世俗に対する虚仮の認識・ただ仏のみ真であるいう思想と、親鸞聖人の世俗はすべてたわごと、そらごとであり、ただ念仏のみがまこととする「念仏唯真」の理解は、時代を越えて傑出した共通理念であり、驚嘆の念をもって見い出すことができます。(2) その太子が、推古十二年(六〇四)に制定されたとされる十七条の憲法には、

夏《なつ》四月《うづき》の丙寅《ひのえとら》の朔《ついたち》戊辰《つちのえたつのひ》に、皇太子《ひつぎのみこ》(聖徳太子)、みづからはじめて憲《いつく》しき法《のり》十七条《とおちあまりななおち》作《つく》りき。

(『註釈版』一四三三頁)

とあり、その十条には

十にいはく、忿《こころのいかり》を絶《た》ち瞋《おもえのいかり》を棄《す》てて、人《ひと》の違《たが》ふを怒《いか》らざれ。人《ひと》みな心《こころ》あ

り、心《こころ》おのおの執《と》ることあり。かれ是《よ》んずればすなはちわれは非《あし》んず、われ是《よ》みずればすなはちかれは非《あし》んず、われかならず聖《ひじり》なるにあらず、かれかならず愚《おろ》かなるにあらず、ともにこれ凡夫《ただひと》ならくのみ。是《よ》く非《あ》しきの理《ことわり》、たれかよく定《さだ》むべき。あひともに賢《かしこ》く愚《おろ》かなること、鐶《みみがね》の端《はし》なきがごとし。ここをもつてかれの人瞋《ひといか》るといへども、還《かえ》りてわが失《あやま》ちを恐《おそ》れよ。われ独《ひと》り得《え》たりといへども、衆《もろもろ》に従《したが》ひて同《おな》じく挙《おこな》へ。

（『註釈版』一四三六頁）

と示されています。そこには他がよくて私がわるいということでもなく、また逆に他が悪くて、私がよいということでもないと明かされています。また私が聖人でもなく、また他が愚かなる人でもなく、人がともに、聖であったり、愚であったりすることは、ともに凡夫であると言われています。このような人間に対する認識は、親鸞聖人においても示されており、『一念多念文意』には、

「凡夫」といふは、無明《むみょう》煩悩われらが身にみちみちて、欲もおほく、いかり、

はらだち、そねみ、ねたむこころおほくひまなくして、臨終の一念にいたるまでとどまらず、きえず、たえずと、水火二河《すいかにが》のたとへにあらはれたり。

（『註釈版』六九三頁）

と明かされています。そこには凡夫である人間は、死の瞬間に至るまで煩悩にみちている存在との認識が示されています。それゆえ親鸞聖人にとって善悪は、「総じてもつて存知せざるなり」（『歎異抄』・『註釈版』八五三頁）と言われます。そこにあるのは人間はともに愚かなる存在であり、私が正しくて相手が間違っている、逆に相手が正しくて私が間違っているという、正邪を二分する対立的な構図を見ることはできません。そこで見られるのは対立的構図を超えて、人間は共に煩悩を抱える凡夫であるという自覚です。このような共に凡夫であるという領解からのみ、怒りに怒りをもって対し、憎しみに憎しみをもって対する、その連鎖を止める道が見いだせるのではないかと思います。

仏の、そして仏教の願いは人々の平安であり、ひいては世界の平和です。仏像は一面、その象徴的表現でしょう。このような意味でいえば、先のイランの映画監督の「仏像は人々の苦しみに対して、無関心であった人間の無知を知って自ら倒れた」という受け止めこそ、真の仏教徒のありようを示しているのではないでしょうか。

そして、阿弥陀仏の願いに生きられた親鸞聖人の「世のなか安穏《あんのん》なれ」（『親鸞聖人御消息』二五・『註釈版』七八四頁）の言葉は、現代人の問題点を鋭く指摘された重い言葉ではないか、と思うのであります。

最後に、テレビの番組の中で、次のように発言されていた言葉が耳に残っています。それは、「Against も自分が一八〇度変われば Follow になる」というものです。私たちは自らの怒り・腹立ち・そねみ・ねたむ心で必然的に相手を傷つけてしまう発想から、ともに凡夫であるとする一八〇度転換する勇気を持ちたいと思います。

(1) この『法句経』の言葉の意趣は、中村元著『ブッダの「真理のことば」「感興のことば」』に「実にこの世においては、怨みに報いるに怨みを以てしたならば、ついに怨みの息《や》むことがない。怨みをすててこそ息む。これは永遠の真理である」『岩波文庫』十頁とある。

(2) 家永三郎氏著『日本思想史に於ける否定の論理の発達』において、氏は「聖徳太子が「世間虚仮」のことはりを説かれた時、それは「唯仏是真」の信仰と離すべからざる関係の下にのみ考えられた」(九八頁) と述べ、その註四七に於いては「歎異鈔に見える親鸞の「火宅無常の世界はよろづのことみなもてそらごとたはごとまことあることなきに、ただ念仏のみぞまことにておはします」と云ふ法語は恰もこの御遺語の和訳とも考へられるほど近似した文を成してゐるが、法王帝説は平安期以後世人の眼に触れず、天寿国繡帳の発見されたのは親鸞没後十二年の文永十一年のことであるから(聖誉抄)、両者の間には何等の関係はなかった筈である。然しながらかかる偶然の一致はひとりこの文にとどまるものではない。親鸞は伝暦三宝絵詞乃至廟窟偈の如き伝説類によって太子をしのび奉ったに過ぎず（上宮太子御記・太子和讃・恵信尼文書）、三経義疏の如き其の内容を想像することさえ不可能であったと思はれるが、それにも拘らず彼の思想全体は義疏にあらはるる太子の御精神と全く符節を合するのであった」（一〇一～一〇二頁）と述べられています。

三　失われた言葉

はじめに

宗教が伝承されるとき、教えは単に言葉だけで伝わるものでないことは十分承知されています。そのことを了解したとしても言葉のもつ意味が重大なものであることは言うまでもないでしょう。しかしその言葉が時代とともに、特に近年、生活環境の中で大きく変容しつつあることは誰しもが感じています。

このことは真宗においても論外ではなく、極めて重要な問題として横たわっているように思います。その一例が今日までも幾度か問題となった他力本願です。特に政治の世界で他に頼ってはダメだと言う意味で使われ、真宗教団からも幾度となく抗議がなされました。言葉が時代や世代の変化とともに、変わって行くのは当然のことです。それゆえ、今後も宗教用語に関する同様の課題が起こってくるのは必然であろうと思います。

1　言葉の壁

かつて学生さんに、宗教における信心のあり方を考えて欲しいと思って「いわしの頭も信心から」の諺を取りあげ、このことについてどのように思いますかと質問をしたことがあります。しかしその場の雰囲気が少しとまどったような感じだったので、まずこの諺の意味がわかりますか、と改めて聞いたところ、ほぼ全員の学生さんが初めて聞くものであり、意味がよく分からないという返事でした。私は信心のあり方について、いろいろ議論し考えて欲しいと思ってこの諺を持ち出したのですが、それ以前に言葉の意味が通じていなかったということを経験したことがあります。

また同様の事は他にもありました。それは、仏教学者としてつとに著名な鈴木大拙博士（一八七〇～一九六六）があるアメリカの講演で、加賀の千代女（元禄十六年（一七〇三）～安永四年（一七七五）の「朝顔につるべとられて貰ひ水」の俳句の解釈から始められ、日本文化、引いては禅の話に入っていかれたことがあるということです[1]。

私はこの俳句を材料として、そこにあらわれた朝顔の命を見た千代女の心情について議論をして欲しかったのですが、残念なことに、蛇口をひねるだけで水もお湯も出てくる生活しか知らない若者にとって〝つるべ〟は理解しがたい言葉だったのです。それゆえ〝つるべ〟って何ですか、という質問があり、その言葉の説明に追われたということがあります。そこでは言葉で表された情景が伝わっていなかったのです。しかしこのことは決して責められることではないと思います。

生活環境の変化によって全く使われなくなった言葉であり、それゆえやむをえないことではないかと思います。

2　消えゆく言葉

妙好人の源左（一八四二〜一九三〇）さんに関する有名な話として、源左さんの父の臨終に際して〃おらが死んだら親様頼め〃と遺言があったと言われます。それ以来父親の言い残した〃親様〃を訪ねる聞法の旅がはじまったのですが、なかなかそのことは領解できず、幾度も途中であきらめようと思ったということです。数十年の経過の後、いつものように牛馬の草を刈りに出かけ、その束ねた草を牛の背中に乗せたとき、私に変わって重荷を負ぶって下さるとはこのことか、〃親様〃とはこのことなのか、と領解したということが伝えられます。そこには亡き父によって言い残された真宗信仰の〃親様頼め〃の言葉が生き生きと伝わっています。いわば信心の言葉が生きているということができます。この〝親様〟の言葉は、今日でも真宗の世界では生きていますが、しかし多くの人には伝わらないものとなっています。

かつてこのような話を聞いたことがあります。それはアメリカでの話ですが、日本では阿弥陀仏を〝親様〟と実感的に表現されてきたということを話したとき、それはアメリカでは通じないですね、と言われたのです。それはなぜかというと、アメリカにおける離婚率とリンクしています。アメリカ、とくにカリフォルニア州では離婚率が半数にもなり、そのため、子供にとって親の概念が子供を護るという意識から、親からいつ捨てられるのかという意識に変わりつつあるということでした。そのような意識の中では、親は仏のように衆生を護るというものを譬えるものではなくなったということです。このことは日本においても無関係のことではないと思います。離婚の是非の問題は夫婦間の個々人の問題であり、第三者が軽々にその是非については論じることができないものです。それは時代の問題であり、また世代の問題であろうと思います。そのような時代、世代の変化によって、かってはは実感をともなって表現されていた言葉が意味をなくしつつあるのも事実です。

おわりに

言葉は時代とともに人によって変わっていきます。それゆえ時代とともに実社会の中では、逆の意味で使用されたり、また時には消えていくこともあります。もちろん、その本来の意味を伝える事は必要なことです。しかしそれとともに時代や世代によって、その本来の意味を伝える新たな言葉が生み出されないことの方が問題であろうと思います。ともすれば、宗教に力があれば新たな言葉が生み出されてくるのではないでしょうか。親様の言葉は、真宗教義のなかに本来的に存在した言葉ではありません。それは時代の中において生み出され存在した言葉であり、信心を伝える大きな意味を持つものでした。私たちは、新たな言葉を生み出す大きな信心のエネルギーこそ持たなければならないと思います。そのようなエネルギーを持つことが、否応なく変わっていく言葉の中において、変えてはいけない言葉の意味を押しとどめる原動力になるのではないでしょうか。

（1） 岸本英夫稿「西洋文化と鈴木大拙博士」―「禅とは何か」の解説として―」、『新版鈴木大拙禅選集』第八巻、二五八頁

四　葬送儀礼と仏教賛歌

1　仏教の危機

仏教は葬式仏教、あるいは観光仏教いわれて久しいです。それは仏教が人々の心の拠り所となり、人々を救うものであって欲しいという心ある人からの叱責でもあり、また希望のメッセージでもあろうと思います。そうでなければ仏教について発言されることもなければ、問題にもされることはないでしょう。いわば無視されることだって可能なのです。

しかし近時、多くの仏教書が出版され、それに対する人々の知的関心はあるものの、それはディレッタント（好事家）の域を出ないものであり、現実の生活をリードする力はあまり感じられないように思います。いわば仏教は、現実生活については無視される状況に近づいているようにも感じます。このような意味で言えば仏教は、より危機的状況を迎えつつあると認識しなければならないのではないでしょうか。

ブッダの出家の動機を表す「四門出遊」は、まさに生老病死を問題としています。それは現に命あるものとして生きる存在が、避けることのできない日々の問題であり、また永遠の課題であるからだと思います。ブッダにおける生老病死の課題は、人間の思惟としての抽象的な問題ではなく、今現に生きている人間の具体的な苦悩であったと思います。

ところで、ブッダの葬送儀礼に関して、次のような記述を見ることができます。

アーナンダよ。お前たちは修行完成者の遺骨の供養（崇拝）にかかずらうな。どうか、お前たちは、正しい目的のために努力せよ

（中村元訳『ブッダ最後の旅』―大パリニッバーナ経―、岩波文庫、一三二頁）

ブッダの葬儀と遺骨崇拝のために修行の心をまどわされてはいけない、ということです。このことからのみ見れば、仏教の歴史はブッダの思いとは逆の路を進んできたと言わなければならないでしょう。

しかし『ブッダ最後の旅』（＝『大般涅槃経《だいはつねはんぎょう》』）には同時にブッダの遺体の扱いについて矛盾する記述がなされており、それは世界を支配する帝王と同じ仕方で葬送するべきであるとされています。このことは、ブッダと弟子達の間において理解の相違があったか、もしくはブッダを崇拝し敬慕する弟子達のあいだに見解の相違があったからであろう、と言われています。いずれにしろその後の仏教は、死の荘厳と遺骨崇拝を通じて歴史的展開をしてきたことを考えるなら、我々はここから出発する以外にはないのであり、更にいうならブッダの死によって仏教はよみがえったということができます。(1)

2　真宗と儀礼

親鸞聖人においても、苦悩の課題は「生死」であったと『恵信尼消息』は伝えています。その問題の解決のために比叡山を下り、法然聖人のもとにいかれ、念仏と出会われたのです。念仏によって真実に目覚められた親鸞聖人は、人間の生死はすでに如来の説かれた自明のことであるといわれます。これだけであれば冷徹な仏教論理の主張のようにも感じられます。また同時に、生死する人間を浄土の世界では再び出会うべき世界としてとらえられています。それは、智慧による冷徹な現実注視と人間に対する限りない慈愛に満ちた慈悲のまなざしをみることができるように思います。親鸞聖人の死後のあり方については、『改邪鈔』の「某《それがし》、親鸞《しんらん》閉眼《へいがん》せば加茂河《かもがわ》にいれて魚《うお》にあたふべし」（『註釈版』九三七頁）が有名ですが、具体的には『御伝鈔』によれば親鸞聖人の葬儀は、洛陽東山《らくようひがしやま》の西麓《にしのふもと》、鳥部野《とりべの》の南《みなみ》の辺《ほとり》、延仁寺《えんにんじ》に葬《そう》したてまつる。遺骨《いこつ》を拾《ひろ》ひて、おなじき山《やま》の麓《ふもと》、鳥部野《とりべの》の北《きた》の辺《ほとり》、大谷《おおたに》にこれををさめをはりぬ

（『註釈版』一〇五九～一〇六〇頁）

と記されるように、葬送儀礼と遺骨の安置が行われたことが述べられています。ここにもブッダと同じように聖人と弟子の間にその理解の相違が見られます。真宗においても、祖師の教えとは逆の路をたどってきたといえるのでしょうが、その歴史を振り返るなら、真宗もまた親鸞聖人の葬送儀礼によってよみがえったともいえるのではないでしょうか。

私事にはなりますが、父が亡くなってから六年がたち、七回忌の法要を迎えようとしています。改めて時の過ぎゆく早さを感ぜずにはおれません。父の死直後には決して話すことのなかったことも、時間の経過のなかにおいて、母の口より語られるようになりました。それは父が足かけ三ヶ月余り入院していた間の病室

での出来事です。父の入院の間もお寺の葬儀のための位牌を書く仕事はいつものように母親が行っていました。入院中のある日、個室の病室でいつものように母は酸素呼吸器をつけベッドで横たわっている父の傍らで位牌を書いていたのです。そのときたまたま看護師さんが病室に入って来られて、その位牌を書いている母を見られたのです。そしてその看護師さんがいわれた言葉は「え、もう準備されているのですか」であったということです。

振り返ってみると父が最後を迎えることについて、母が言うまで葬儀の準備はしないと兄弟で話をしていました。それは母の気持ちをおもんばかってのことでした。しかしガンを患っていた父の最後は、体力の低下が目に見えて確実に日一日と迫って来ていました。父の死の数日前、母から兄へ葬儀の準備をということが伝えられました。いまも父の死を覚悟したこのときの母の悲しみはいかばかりのものであったか、胸が痛む思いがします。

3　葬儀と音楽

父が亡くなりその後の葬儀についてはバタバタと過ぎてしまいました。家族は、よくいわれるように葬儀の準備のために忙殺され、悲しみにくれている暇もないのも事実であります。私もしかりでした。準備等のしなければならないことがあり、そのためにきわめて冷静に対処しました。それは葬儀も同様でした。遺族席に座りながらも葬儀の進行に気を配り、時に指示を行っていました。その時の感情は極めて冷静なものでした。

そして葬儀は読経等も終わり、最後に列席者全員で「みほとけにいだかれて(2)」を歌いました。歌い始めた直後、それまで冷静であった私の何とも形容しがたい、悲しみの感情が一挙にこみ上げてきたのです。それは押さえようとしても押さえることのできない、心の底から押し上げてくる悲しみの感情です。私はあふれる涙の流れ落ちるのをおさえるため、顔を上げて歌いました。しかし突き上げてくる悲しみは、私の全身をふるわせる悲しみでした。歌は人間の閉ざされた感情の扉を開くはたらきをもち、心に悲しみを満たし、さらには、うちに秘めた悲しみを解き放してくれるものなのでしょう。歌は自身の父の葬儀でありながら、儀式の執行を見なければならないという第三者的な立場の意識をいやが上にも持たざるをえなかった私を、ともに父の死を悲しむ立場へと転換し導いてくれたのです。そのことによって私の心は悲しみに満ちあふれながらも、悲しむことのできる喜びへと転換させられたように思います。

4　儀礼の意義

仏教において歌舞音曲は嗜んではいけないものとされていました。出家仏教の悟りを求める道においては世俗的なるものは確かにそうでしょう。しかしながら仏教が国を超え広範に展開していくなかにおいて、出家仏教であった仏教は多くの人々の仏教となりました。在家仏教として出発した浄土真宗においては、人々とともに同唱する儀礼や作法は必然的なものでありましょう。ましてやもっとも人々に宗教的感情が高まる葬儀において、ともに悲しみを共有する作法の働きは大きなものがあります。

葬儀が単に形式的なものとなり、何の宗教的感動を生み出さないものであるならば、それはまさに儀礼仏教、形式仏教といわなければならないでしょう。しかし父の葬儀において突然私を襲った音楽による宗教的感情は、父への思いをより自分のものとし、深めてくれたように思います。葬送儀礼とは、宗教的感動を生み出すことにおいてその意味があるものと思います。このような意味でいえば、仏教賛歌はきわめて意義深いものといわなければならないでしょう。父の葬儀は、葬送儀礼における宗教的情感の新たな側面を実感的に教えてくれたように思います。

（1）山折哲雄著『仏教とは何か―ブッダ誕生から現代宗教まで―』、中公新書一一三〇、五六～六〇頁

（2）1、みほとけに　いだかれて
きみゆきぬ　西の岸
なつかしき　おもかげも
きえはてし　悲しさよ

2、みほとけに　いだかれて
きみゆきぬ　慈悲の国
みすくいを　身にかけて
しめします　かしこさよ

3、みほとけに　いだかれて
きみゆきぬ　花の里
つきせざる　たのしみに
笑みたもう　うれしさよ

4、みほとけに　いだかれて
きみゆきぬ　宝楼閣《たまのいえ》
うつくしき　みほとけと
なりましし　とうとさよ

五　〝老い〟を考える

はじめに

このタイトルが果たして大学で話す題目として相応しいものなのかどうか……、二十歳前後の若い皆さんに話をするという時正直に申しまして、しばらくどうしようかと思ったのですが、

子ども叱るな　来た道じゃ　年寄り笑うな　行く道じゃ
来た道　行く道　一人旅　通り直しの出来ぬ道

という言葉が記憶に残っています。そんな言葉を思い出しますと、若い皆さんは、ちょうど人生の途上にいるわけです。そういう意味で言えば、大学で話をする題目として選んでもいいかなと改めて思ったようなことです。

アメリカにワシントン州という所があります。そこにシアトル――皆さん「シアトル」と聞いたら、最近はおそらく野球を思い起こされるのではないかと思います。むしろ日本ではシアトルという街の名前を知らない人の方が少なくなったのではないでしょうか。野球選手のイチロー(1)がシアトルマリナーズに行って、有名になった街です。

このシアトルの街には西本願寺の別院があります。なぜかと言いますと、シアトルという街は、日本からアメリカに移民をする人たち――明治時代のことですから船で行くのですが、最初にシアトルの港に上陸したのです。現在でも、その子孫である日系の方が数多く住んでおられます。そのためシアトルにはかなり大

きなお寺があり、それで「シアトル別院」となっています。四、五年前のことですが、そこに大学時代の知り合いがいまして、

「折角だから一度シアトル別院で話をしてほしい」

というようなことがありました。そこで話をしに行ったのですが、その話の内容は、仏教で言われる生《しょう》・老《ろう》・病《びょう》・死《し》だったのです。私は日本語でしか話ができませんから、日本語の解る方だけということになります。私の予測ではおそらく十数名くらいの方々が聞きに来られるだろうと思っていました。ところが、予想に反して八、九十名あまりの人が来られていたので、それにまずびっくりしました。しばらく話をするとちょっと休憩があります。その時、係の方からさっそくお叱りを受けました。なぜかと言いますと、日本語で話をしています。ところが、だんだん調子に乗ってまいりますと、聞いておられる人たちが日系の人たちだということを忘れてしまって、日本で話をするスピードと同じ調子で話をしてしま

っていたのです。それで、

「話のスピードが早すぎる」

と言われたのです。もちろん、日本の方もおられるのですが、多くは二世、三世の方々です。そこで、もう少しゆっくり話をしてほしいと言われたのです。そのような状況の中で生・老・病・死の話をいたしました。話が終わってすぐに、係の方から「メモが届いています」と言われました。そのメモを見てみますと、両面に日本語と英語で書いてありました。別段どうということはありません。

「今日のお話、ありがとうございました」

というお礼のメモだったのです。その時はそれで終わったのですが、その後――アメリカでは大体どこでもそうだろうと思いますが、話が終わった後に〝リフレッシュメント（軽食）〟――要するにクッキーとか、飲み物等などが用意してあり、それを一緒にいただきながら、来られた方々と話をします。そこに行きまして、いろいろな方と話をしていますと、そのメモを下さった方——この方はおそらく七十歳を過ぎておられたと思えるご婦人の方でありました。

「先ほどは……」

と、話しかけてこられたのです。その方の話の内容が、実は〝老い〟の話だったのです。国際結婚をして日本からアメリカに行かれ、子どもさんが生まれて、やがて子どもさんはみんなそれぞれ独立をされ、その後ご主人も亡くなられ、現在は独りです。この歳になると、〝老い〟というものをいろいろな意味で考えさせられますという話であります。アメリカのことですから、仏教の話を聞く機会も少ないのだろうと思います。それで「今日はどうもありがとうございました」というお礼であったわけです。

その後、日本に帰ってまいりまして、たまたまテレビを見ていたら、やはり日本の方で、結婚されて外国に行かれた方のインタビューをしているシーンがありました。それが全く同じシチュエーションだったのです。どんな内容だったかと言いますと、結婚後にやはり外国に行かれて、子どもさんも独立され、ご主人も亡くなり、残されたご婦人の晩年は老人ホームへ行かれるということになるのですが、その時の心配事について話をしておられたのです。

だんだん歳を取られるにしたがって、日常生活を送るのが不自由になってきます。そういう中で現地の老人ホームに入ると、こういう問題が起こるのです、と言っておられました。

それは何かと言いますと、長い間アメリカに住んでおられるわけですから、日常の生活においては何不自由なく英語で話をしておられます。ところが老人ホームに入るくらいの高齢になってくると、英語がだんだん分からなくなってくるということです。すると、今までごく普通に日常の会話として話をしていた英語を喋らなくなります。そして喋る言葉は日本語だけになってしまう。しかし、世話をされている方で、日本語の分かる人はほとんどおられないわけです。そういう問題を実は非常に心配しているのです、という話だったのです。

これはテレビ番組のインタビューでしたが、そのシアトルで出会ったご婦人も、おそらくそういう問題を抱えておられるのかなと、改めてその時の情景を思い出しました。同時に、〝老い〟という問題をどう受け留めたらいいのだろうか、改めて考えなければいけない問題なのではないか、と思ったということです。

1　仏教における老い

仏教における老いというのは、必ず出てくることであろうと思います。仏教の教えの中で「十二縁起」(2)と言われるものが説かれますが、その中にも「老」ということが出てきます。それから、後のお弟子さんたちがまとめたことではありますが、釈尊の出家の動機と言われる「四門出遊《しもんしゅつゆう》」という象徴的な表現の仕方で

〝老い〟ということが言われます。それから「四諦八正道《したいはっしょうどう》」にも言われます。その四諦（苦《く》諦・集《じっ》諦・滅《めっ》諦・道《どう》諦）の中の第一番目「苦諦《くたい》」の所で「生老病死」――「老」が出てきます。また「四苦八苦する」という言葉がありますが、四つ、もしくは八つの苦――「生苦・老苦・病苦・死苦」が四つの苦であり、後の四つが「愛別離苦《あいべつりく》・怨憎会苦《おんぞうえく》・求不得苦《ぐふとくく》・五陰盛苦《ごおんじょうく》」と言われるような四つの苦です。ここにも老いということが、「四苦八苦」という形で言われています。

具体的に、釈尊はどんな言葉を残しておられるかということですが、これは『釈尊との対話』という本の中に書いてあった言葉です。ちょっと読んでみたいと思います。

　このように、私は豊かで、この上なく繊細だったが、（ある時）このように考えた。人間というのはまことに無知なもので、自分の身が老いゆき、老いから逃げようもないものなのに、他人が老衰したのを見ると、自分のことは棚にあげて、面倒に思い、恥じ、嫌らしいなと思う。しかし、私もまた老いゆき老いから逃れようもないのだ。それなのに、ほかならぬその私が老衰を見て面倒に思い。恥じ嫌だなと思っている。これは私が他人の老衰を見て面倒に思い、恥じ嫌だなと思っている。これは私に相応しいことではない。このようにみてとった時、青年期の若さの意気は消え失せてしまったのだ。

（『増支部経典』三―三八／奈良康明著『釈尊との対話』、日本放送出版協会、四〇頁／傍線：講師（以下略））

というものです。どうもわれわれはこの言葉の通りではないでしょうか。それは日本語で言う「老人」という言葉に、そのような意味が含まれているのではないかなと思います。釈尊は〝老い〟に対して、まさに自分自身がそう思った時に青年期の若さの意気は消え失せてしまった。そして、出家の動機としての〝老い〟を認識されて、今の自分がそれに対して相応しくないと思われて出家をされたのだということです。

2　真宗における老い

では真宗において〝老い〟はどのように見られているのでしょうか。実際にはあまり言葉として出てくるわけではありませんが、真宗の最も依り所とする『大無量寿経』の経典の中に見ることができます。

老病死を見て世の非常を悟る。国と財と位を棄てて、山に入りて道を学す。
（『無量寿経』巻上・『註釈版』四頁）

ちょうど釈尊の話とオーバーラップする形で、経典の中でも〝老い〟ということが問題として出てきます。また親鸞聖人の手紙の中に、自分自身の老いた姿のことを少し述べておられます。

この身は、いまはとしきはまりてさふらへば、さだめてさきだちて往生し候はんずれば、浄土にてかならずかならずまちまゐらせ候ふべし。

（『親鸞聖人御消息』二六・前掲書七八五頁）

です。もう歳を取ってしまったと、そういう言葉で出てまいります。それから、これも手紙の中で言われています。

目もみえず候。なにごともみなわすれて候……

（『親鸞聖人御消息』十・前掲書七五七頁）

と言われるように、歳を取ってしまった自分自身の現実を述べておられます。

次に親鸞聖人の奥様の恵信尼公の手紙の中に出てくる言葉ですが、そこにはこのような言葉があります。

……今年になり候へば、あまりにものわすれをし候ひて、耄《ほ》れたるやうにこそ候へ。

……あはれ、この世にていま一度みまゐらせ、またみえまゐらすること候ふべき。わが身は極楽へただいまにまゐり候はんずれ。なにごともくらからず、みそなはしまゐらすべく候へば、かまへて御念仏申させたまひて、極楽へまゐりあはせたまふべし。なほなほ極楽へまゐりあひまゐらせ候はんずれば、なにごともくらからずこそ候はんずれ。（『恵信尼消息』八・前掲書八二四頁）

です。「耄《ほ》れたるように」とは、もう現代の日本語ではあまり使わない言葉ですが、歳を取ったという意味です。私の郷里は九州ですが、田舎の言葉でこのような言い方があります。歳を取って——これは自分で自分のことを言う場合、

「最近、ほがねなってなあ……」

という言い方があります。「ほがねなる」と言う表現について、長い間「穂が無くなる」という意味であって、「穂」は、「頭」という意味の稲穂の「穂」なのかなと思っていました。しかしこれを知りまして、おそらく「ほがねなった」という意味は、「歳を取って分からなくなった」という意味の方言だったのかと改め

て思ったことです。恵信尼公の手紙の中に「耄《ほ》れたるように」、もう歳を取ってしまったという表現で出てまいります。

ところが、その恵信尼公が「耄《ほ》れたるように」と言われながら、同時に、「なにごともくらからずこそ候はんずれ」（同前）とも示しておられるのです。歳を取って、それこそ先の望みがない。老い先短くなったということで、きわめてシンプルに理解できるわけですけれども、そのような中で「なにごとにもくらからず」、少しも暗いことはないと述べておられるのです。一体どうしてこういうことが言えるのか、一つの大きな問題ではないかと思います。

3　現代における老いの問題

まず私の個人的な経験を申し上げたいと思います。中国の一番西の果てにカシュガル(3)という街があります。中国の西にタクラマカン沙漠がありますが、その西の果てということになります。そこに旅行に行った時のことです。

ホテルに泊まっていまして、そのホテルの中でブラブラしていましたら、とある中国の人——年の頃は六十過ぎと思います——が話かけてこられました。中国語が解るわけではありませんから、それこそ身振り手振りだけで不思議と分かりました。その時にどういうことが起こったかと言いますと、その方が「何か一筆書いてあげよう」というのが分かりました。「へっ⁉」と思ったのですけれども、紙と筆を持っておられて、「シルクロード　何年何月」というふうに書かれました。そしてその後に、「誰々さんへ」という名前を書かれたわけです。私は自分の名前を書いて渡しました。すると「川添」……「先生」と書かれたのです。その時、私は学校の教員だと全く話をしていませんでした。「えーっ⁉　何で先生って判ったのかな？」と、疑問に思いました。それが終わりまして、「もう一枚書いて差し上げましょう」ということでしたので、「じゃあ、お願いします」と頼みました。

その後に、「名刺をもらえますか」と言われたのです。名刺は持っていましたから渡しました。そこで初めて私の名前、さらには肩書き等を見られたのですが、それから書かれたのは、さっきと同じように名前を「川添」と書かれて、その後に「老師」と書かれたのです。私はその時三十代半ばくらいだったと思います。それでも「老師」と書かれて、正直なところ「老師……!? とんでもない!」と思いました。今でもその書いてもらったものを持っていますが、額に入れて飾る勇気は持ち合わせておりませんので、そのまま家の押し入れにしまってあります。その後帰ってまいりまして、知り合いの東洋史の先生に、

「いやぁ、実は中国でこういうことがありました……」。

と話をしまして、ようやく納得できたのです。それは「先生」というのは日本語で言う「〜さん」の意味なのだそうです。そして「老師」というのは日本語の

「先生」という意味だと説明を聞きました。

〝老〟という字は、今日ではあまりイメージが湧かないと思いますが、例えば江戸時代、幕府の重要な役職として、例えば「大老」とか「老中」、それから各藩の「家老」というような言葉の使い方がありました。だから〝老〟という漢字自体には、言わば人生の経験を積んで、いろいろなことをよく知っている知恵のある人という意味で使われてきたのだろうと思います。今日ではその意味は随分変わってしまって、あまりいい意味を含まないようになってきているのではないでしょうか。

その老いの問題について、折原脩三(4)の『老いるについて』(日本経済評論社)という本があります。なかなか考えさせられる本ですので一度読んでいただけたらと思いますが、こんな言葉があります。

わたしは長い間、生に対立させるべきものは死だ、という考え方になれ過ぎてきた。老いを独立なものとして考えたことがあったろうか、ない。有吉佐和子の『恍惚の人』は、老いが生に対立する独立の領域であることを描いてみせた。〈生に対立させるべきものは、死ではなく、むしろ老いだ〉

（折原脩三著『老いるについて』、日本経済評論社、三三頁）

老いは死に行き着くまでの経過的で一時的なものであって、やがてスムーズに死につながるものとしてしか考えられていなかった。死こそ問題なのであって、老いは緩慢な死の一部に過ぎなく、老いを独立としてとりあげることを敢えてしようとしなかった。

（前掲書三四頁）

仏教ではどうも「生死《しょうじ》」という言葉で括ります。私自身もそう思っていたのですが、仏教では〝老い〟ということを具体的にあまり問題にすることがなかったのではないかという思いを持っています。「老いを独立としてとりあげることを敢えてしようとしなかった」と言われています。しかし、今日ではそういうことがもう許されなくなってきているのではないでしょうか。名前はご存知だろうと思いますけれども、ボーヴォワール(5)が人間というのは、

早死にするか、老いるか、これ以外の道はない

（シモーヌ・ド・ボーヴォワール著、朝吹三吉訳『老い』人文書院年、三四頁）

と言い切っていることからも明確であろうと思います。

ところで、今日〝老い〟というものに対して、いろんな形でアプローチがされています。

①老いへの敗北

不老長寿……………飽くなき生への欲望

祈願・祈禱…………生への断念

②老いへの対応

現代医学……………生の延長……………人間の尊厳……痛み

老人福祉………社会的人間の尊厳

③老いの転換

趣味・芸道……諦観に通ずる面を持つ

これは以前学長をしておられた信楽先生の本の中に出てくる分類ですが、一つは「老いへの敗北」――これは不老長寿の、ありえないものを求めようとするということです。それから「祈願・祈禱」は〝神頼み〟というようなあり方です。それから二番目が「老いへの対応」――これは科学的なアプローチです。ともあれ命を延ばそうとするということです。しかし有限性ですし、「人間の尊厳」という問題があります。それから社会的には、今日は福祉的な意味で〝老い〟というものが非常にクローズアップされていると思います。

それから三番目が「老いの転換」――何か一つのことに精進するということです。すると〝老い〟というものを感じさせないと言いますか、老いを超克するような姿を見ることができます。例えば一つの芸を極めることによって、ある意味では諦観《たいかん》――諦《たい》というのは「あきらかにみる」という意味ですけれども、人生を諦観されたような姿を見ることがあります。

4　老いの解決

〝老い〟には、言わば様々なアプローチの仕方があるわけですが、〝老い〟の解決というのが最後の問題であります。若干厳しい言葉かなとも思いますが、先ほど挙げました折原脩三という方は『老いるについて』という本の中で次のようにも言っておられます。

老いは心の明澄をもたらすという偏見は、徹底的に排除されなくてはならない。

（折原脩三『老いるについて』日本経済評論社、四六頁）

歳を取られたら、子どもに帰って、心が非常にきれいになるというようなイメージが何となくあるのではないでしょうか。これは偏見だと言っています。そういう偏見は徹底的に排除されなければいけない、ということです。

それから〝老い〟というものは、「老い」そのものとして、なかなか本当に受け留めることができないという意味で、こういうことを言っておられます。

わたしがいぜんとして自分自身であるという心の中の確信と、わたしの変身即ち老いという客観的に確実な事柄との間には、越えがたい矛盾がある。わたしはこの二つの間を往ったり来たりするだけで両方を一緒にしっかりと把握することは決してできない。ついに実感されないもの、それが老いだ。

（前掲書三五頁）

われわれ自身は、いつまでも〝若い時の想い〟というものが心の中にあります。そのイメージと自分の心と姿を一致させることができないということです。それがある意味では、〝老い〟の具体的なあり方だと言っておられるわけです。

①老いへの諦観

最後に、〝老い〟というものをどう受け留めたらいいのか、ということで蓮如上人の歌を一首引いておきました。この蓮如上人という方は、本願寺の歴代宗主の八代目、「中興の祖」といわれる方であります。この蓮如上人の歌であります。

極楽は日に日に近くなりにけり　あはれうれしき老《おい》のくれかな

（『蓮如上人御詠歌』二五二・『真宗史料集成』第二巻三〇七頁）

その「あはれうれしき」という言葉――「あはれ」と「うれし」とが一つになっているということです。決して「あはれ」というものが先でもなければ、「うれしき」というものが後でもないということです。蓮如上人はこの「老い」というものについて、言わば「悲しみ」と「喜び」とが一つになった受け留め方をしておられるのではなかろうかと思うわけです。

②「あはれうれしき」の生き方

では具体的に、その「あはれうれしき」生き方とはどういうものなのかということです。それは、すべてのことを「いいご縁でした」と受け留めることのできるような人生ではなかろうかと思います。

一つだけ例を申し上げますと、これも経験上のことですが、学生さんを連れてアメリカに行ったことがあります。その時に、あちらこちらのお寺を見に行きましたが、学生さんから、

「お寺は十分見せてもらった。そこでさらには向こうで言う「メンバー」――日本で言う門徒さん――の家に行かせてほしい」

という希望がありました。向こうの方と交渉をいたしまして、すぐに行くことになりました。

そのメンバーの方の家はカリフォルニア州のちょうど真ん中くらいの所にあり、

農業を営んでおられました。そこに三重県出身の九十六歳のおばあさんが、車椅子の生活ではありましたが健在でおられました。約一時間ぐらいその家にお邪魔しました。学生さんたちは家族の方といろいろな話をしていたのですが、次のスケジュールがありますから早々に出発しなければいけなかったのです。帰る時にちょうど出口でその車椅子に乗っておられたおばあさんが四十数名の学生一人ひとりを見送っておられました。私は何気なくその横に立っていたのですけれども、そのおばあさんが言われる言葉が何であったかということなのです。それが実は、

「いいご縁でした」

という言葉であったのです。おばあさんは日本で生まれ育ち、そしてアメリカに来て、現在は九十六歳です。しかしもう高齢ですから、帰るということはできないのです。それで、

「皆さんは良いですね。私はこの歳ですから、もう日本に里帰りすることはで

きません」。

ということを学生さんに話しておられたのです。そのおばあさんが、日本から来た若い人に会って、そして別れの時に言われた言葉、それはすべてのものをそのまま受けとめようとする意味を込めた「いいご縁でした」という言葉で学生さんを送っておられたのです。親鸞聖人の言葉で言えば、それは「獲得名号自然法爾《ぎゃくとくみょうごうじねんほうに》」と受け止められる人生のあり方ではないかと思うことであります。

いささか急ぎ足でお話をした上に、最後の方が舌足らずになってしまいましたが、時間が参りましたので、私の話はこれで終わらせていただきたいと思います。

ご清聴ありがとうございました。

（1）一九七三～／プロ野球選手。愛知工業大学名電高等学校を卒業、一九九二年にオリックス・ブルーウェーブに入団し、二〇〇〇年秋から米国メジャーリーグのシアトルマリナーズに移籍。

（2）十二因縁、十二支縁起なども言う。人間が感ずる「苦」の原因を順に分析したもの。無明・行・識・名色・六処・触・受・愛・取・有・生・老死の十二支をいう。『阿含経』によれば、釈尊が悟りを開いた直後、その道が正しいかどうか、この十二支によって確認したとされる。

（3）新疆ウイグル自治区の一都市。タクラマカン沙漠西端に位置し、古くからシルクロードの要衝として栄えた。

（4）一九一八〜一九九一／銀行を定年退職後評論家。著作に『愛不在』（矢島書房）、『ひとつの親鸞』（研文出版）、『「老いる」の構造』（日本経済評論社）、『「老いる」の情念』（同前）、『私と親鸞とのかかわり』（真宗大谷派宗務所出版部）ほか。

（5）シモーヌ・ド・ボーヴォワール（Simone Lucie-Ernestine-Marie-Bertrand de Beauvoir）／一九〇八〜一九八六／フランスの作家、哲学者。サルトル（Jean-Paul Sartre／一九〇五〜一九八〇／フランスの哲学者、作家、評論家）の事実上の妻。サルトルの実存主義に加担するとともに、女性の解放を求めて闘った。著作に『人はすべて死す』、『第二の性』、『女ざかり』、『老い』など。

（6）信楽峻麿／一九二六～二〇一四／浄土真宗本願寺派僧侶、本学第十三代学長。
（7）『仏教の生命観』（法蔵館）八七～九五頁

六　共感する力

はじめに

学校にいますと二月、三月は学期末試験や入学試験で大変忙しい時期ですが、その合間をぬって、卒業する学生さんと卒業旅行に出かけています。学生さんのほとんどは卒業後僧侶になる人達ですので、単なる物見遊山の旅行ではなく、必然的に仏教の歴史を尋ねる研修を兼ねた旅行と言うことになります。

例えば、先日地震で大きな被害の出たインドネシア、ジョグジャカルタにある世界遺産のボロブドールや、ハノイの仏教寺院、またはカンボジアのアンコールワットのヒンズー寺院や仏教寺院などです。

1　仏教の原型

あまりに日本ではなじみのない国かも知れませんが、ラオスの仏教寺院を見学に行った時のことです。目的は同じく世界遺産に登録されている古都ルアンパバンの仏教寺院を見に行くということでした。そこでは二つのことが印象深く記憶に残っています。

一つ目は、托鉢《たくはつ》の風景であり、二つ目は、寺院における読経《どきょう》の様子です。一つ目の托鉢の風景とは小さなルアンパバンの町で毎朝繰り返される、僧侶の朝の托鉢です。京都に住んでいますと、私の町内にも年に数回、数人の禅宗のお坊さんが托鉢に回ってこられます。そのことを思いながら我々も布施をしようと思い朝早く町に出かけ、炊いたお米や餅米《もちごめ》、さらにはお米で作った餅や団子のようなものを買い求め托鉢が始まるのを待っていました。いよいよ東南アジアの黄色い僧服をつけたお坊さん達が来られた時、驚いたのはその数の多さでした。私の勝手な予想では数十人のお坊さんが托鉢されるのかなと思っていたら、およそ三〇〇人余りの老若のお坊さんが長い行列で托鉢をされていたのです。このような光景が毎日行われているということにびっくりするとともに、僧侶への布施を支えている人々の、仏教に対する帰依《きえ》の深さにも感動しました。

それから二つ目は、寺院における読経の光景です。浄土真宗を専門に勉強している関係上、今から二五〇〇年前にインドに生まれ、様々な国に展開した多様な仏教の様子について少しは知識があります。古い仏教の形態として、読経は生きている人に向かってあげられる様式であったということはビデオや本の知識として知っていました。ルアンパバンの一つの寺院へ行ったとき、たまたまお寺で読経が行われていたのですが、その時の光景は、仏様を背にして三人の僧侶が四人の信者さんに向かい読経をしていたのです。すなわち僧侶と信者さんは相対面しているのです。このような仏の教えは本来、生きている人に向かって説かれるものであったという仏教の原型がそこにありました。それを目の当たりにした感動は、今でも記憶に鮮明に残っています。

2　ガラス張りの塔

若い学生さん達と旅行をすると、時には思わず目にした光景が信じられず「エーッ」と思うことがあるのも事実です。それはカンボジアのアンコールワットを見学したときのことです。ご存じの通り、カンボジアは長い内戦が続き、数百万の多くの人々が虐殺されるという悲劇を体験した国です。世界的に有名なアンコールワットのあるシェムレアップの町の郊外にはその内戦のメモリーが世界各国の協力で作られ、カンボジアの人々の手を傷つけ足を奪った地雷の博物館もあります。そのような博物館等を尋ねている途中に、一つの寺院に立ち寄ったのです。

その寺院の事務所の前には戦争を指導した人たちの写真が掲示され、また戦争で孤児となった子供達の世話もしている所でした。そしてそのお寺の一角にはお寺の近くで殺戮され放置されていた人々の遺骨を、畑や田んぼから掘り起こし、そして一箇所に祀ってありました。それは残虐な内戦を繰り返さないという思いもあってのことだろうと思いますが、そのお骨が安置されている塔は何百という頭蓋骨や遺骨が外から見えるように四方がガラス張りになっているものでした。

最初、われわれもその塔に手を合わせ合掌しお参りしました。そして写真をとりました。ところがその中の一人の学生さんが、何を思ったのか、あるいは深い考えはなかったのかも知れませんが、突然そのガラス張りの頭蓋骨の前で、指を立ててピースのポーズをして写真を撮り始めたのです。私は一瞬、「君ねー」と注意をしようと思ったのですが、あまりにも突然のことであり、その時には事の重要性を注意することが出来ませんでした。その後日本に帰ってから、このときの状況を説明し、果たしてこのような行為がいいのかどうか、何が問題なのか、について学生さん達と話したことがありました。

3　共感する力

現代人は学校で、または情報網の発達で、瞬時にして多くの知識を得ることができます。そのことは大変素晴らしいことです。しかし知識が知識としてとどまっているならばそれは単に物を良く知っているということに過ぎません。その知識をもととして、様々なことと共感する力を生み出すところに知識の意味があるのではないでしょうか。先のカンボジアの悲劇は学生さんにとって、教科書で知った知識としてあります。しかしその知識は内戦が無辜《むこ》の人々に、如何に悲しみをもたらしたのかには至ってないのではないでしょうか。いわばそこに共感する力がないのではないかと思います。

今日、さまざまな悲劇が日本でも繰り返されています。その原因の一つには、人が人に共感する力が減少しているからではないかと思っています。そしてその共感する力は決して単なる知識から生まれてくるものではなく、我々の日常性から生まれてくるものであり、いわば普段の生活の中で行われるさまざまな宗教的活動のなかにあるのではないかと思っています。ただ残念なことはその日常の宗教的生活そのものが、今日では生活環境の変化から破壊されつつあるということです。

今、日本はお盆の季節です。このときにこそ見える世界のみならず、見えない世界にも共感する力を養う宗教的情操を大事に育てなければならないのではないか、と思います。

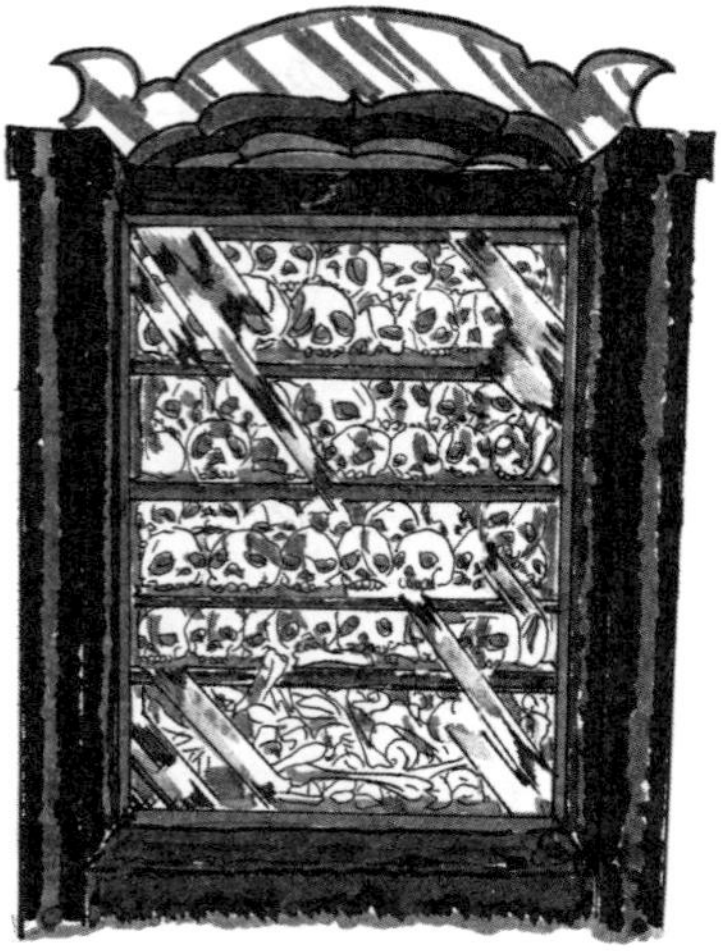

七　恐れと悲しみと微笑み

はじめに

久しぶりにお逮夜法要でのお話を仰せつかりました。以前よりも学生さんが多いのではないかと思って驚いたり、喜んだり……そんな心境であります。

今回は「恐れと悲しみと微笑み」というタイトルにさせていただきました。どうしてこういうタイトルになったのかというところからお話しをしようと思います。

こういうタイトルを付けた原因は昨年に遡ります。学内の委員会組織に宗教委員会というものがあるのですが、そこで宗教部長の淺田正博先生の方から――学校の中で掲示する法語がだんだん少なくなってきている。ついては、委員がそれぞれ出してほしい、という依頼があったそうなのです。

私はたまたま他の用事があって出席できなかったので、代わりの先生に出席していただいたのですが、後日、その先生から「標語を十首出して欲しい」という連絡を受けました。

その時にいわば行き違いがあって、私はその時に「十首出しなさい」というのが、〝自分で標語を作って出しなさい〟と理解してしまったのです。

先に申し上げておきますと「十首」というのは、お経を初め、今までにいろいろな方が言われた、あるいは書かれた素晴らしい言葉を十首選んで提出してください、という意味だったのです。それを私が委員会に出なかったという責任もあるのですが、勝手に理解してしまって、〝あっ、十首作らなきゃいけないんだ〟と理解してしまったのです。

そのことを言われたのが、去年の六月辺りだっただろうと思います。去年は、七月から二ヶ月ほどアメリカへ行く予定にしていました。二ヶ月もアメリカに行ってしまうと忘れてしまうだろうから、その前に作って出しておかないといけないな、と思いました。それで一週間ほど唸りながら取りあえず十首を作って提出しました。やれやれという感じで終ったわけです。

すると今年に入って、宗教部の方から「昨年、提出していただいた標語について解説を書いて下さい」という更なる要望がありました。〝えっ⁉〟となって、話がだんだんと思いもせぬ方向へ進んで行きました。

そして、前に作った十首の中から改めていくつかを選んで、自分の思うところを書いて出しました。(1) そうして選んだものが以下に挙げたものです。

一、恐怖心　昔も今も　人の狂気を再現す

二、我が子亡くした親なれば　死んでも死なせはしないと　ただ一人嗚咽《おえつ》す

三、この世にて　多くの人と縁あれど　唯一貴方《あなた》へ　微笑み返す

この他にもあったのですが、今回はこの三首に絞りました。それと言うのも、この一番から三番についてあることに気が付いたからです。

親鸞聖人が選ばれた、いわゆる七高僧――インドから、中国、日本へと浄土真宗の教えを伝えられた祖師方です。つまり、インドの龍樹菩薩（一五〇頃～二五〇頃）と天親菩薩（三〇〇頃～四〇〇頃）、そして中国の曇鸞大師（四七六～五四二）と、道綽禅師（五六二～六四五）、善導大師（六一三～六八一）、それから日本の源信和尚（九四二～一〇一七）と源空聖人（法然／一一三三～一二一二）という七人の方々がおられます。この七人の方々は、それぞれ特色のある独自のことを言っておられます。ふと振り返ってみると、今回選んだ三つの標語が、その七高僧の中で言えば、中国の三師の特色と繋がるのではないかと思ったのです。

一番目が道綽禅師の特色になるのではないか、二番目が善導大師、そして三番

目が曇鸞大師の説かれたものと通ずるのではないか、ということです。

非常に大づかみな言い方をすれば、一番目は、仏教のいう歴史認識、もしくは現実意識と言っていいだろうと思います。いわゆる「時代観」に当たる。それから二番目は、人間というものは一体どういうものなのかという「人間観」に当たる。そして三番目が、そのような人間に対する仏というものはどういうものかという「仏陀観」に当たるというわけです。

三つの標語がそれぞれ、時代、人間、そして仏を表わし、それぞれが七高僧の道綽禅師、善導大師、曇鸞大師の説かれた教えの特色とも重なり合う面があるのではないかなと思っているということです。

1 「恐怖心 昔も今も 人の狂気を再現す」

それではまず一番目の「恐怖心 昔も今も 人の狂気を再現す」です。

こういう標語を見ると、皆さんもいろいろな思いが湧いてくるのではないかと思います。実は私自身も、この標語自体を作った時の思いと、それから解説を作る時の思いがまた随分と変わってきました。

最初は「恐怖心　昔も今も　人の狂気を再現す」というところは、我々が通常思うような「恐怖」というものを考えていました。

それは何かと言うと、人は長い間、恐ろしいと感じるもの、言わば恐怖との戦いの歴史であっただろうと思います。そのために悪戦苦闘をしてきたのが人類の歴史ではないか、ということです。

人生は、道なき道を歩いているようなものです。それゆえに誰しも不安があるのは当然であって、その不安は恐れを生み出します。その怖さ、恐れは自分の生存自体を脅かすものに対する畏怖であるとも言えます。

その畏怖はさまざまあるかと思いますが、外なる畏怖と内なる畏怖とに分けることができるのではないでしょうか。外なる畏怖――これは皆さんもすぐお解りいただけることだろうと思います。外界の問題、人間を取り巻く環境の問題、それは端的に言えば、我が身の周りの自然環境と社会環境ということです。

自然環境については天災が最も分かりやすい例です。昔から地震、雷……台風や旱魃のようなものですが、予測し得ない危険、しかもそれがなぜ起こるかも分からないということに対する怖さがあっただろうということは充分想像できます。それを何とか科学的な知見で予測ができるように、今日では随分と予測可能に近いような状況になっています。少なくともそれを目指して、努力がなされています。その努力を支えているのは、人間の持つ畏怖心だと言っていいだろうと思います。

もう一つが社会環境――社会性の問題と言っていいかと思いますが、端的な例は争い――個人的な争いもあれば、部族間の争いもあるし、国家単位の争いもあります。争いに人々は恐ろしさ、恐怖というものを大いに感じ、それを何とかしなければいけないという歴史であっただろうということです。そのために祭儀や政治というものが生じて、争いが起こらないように調整する形で人間は解決を求めてきたと考えることができます。

しかし今日では、人間の自然環境に対する科学的な知見、それから社会環境に対する理性的な知見によって、そのような畏怖を解決をしようとしています。もちろんまだまだ不完全ではあります。しかし少なくともかつてに比べれば、そういう怖さ、恐ろしさというものは大きく減少したということは言えるだろうと思います。

ここにおられる皆さんも、日常生活の中で自己の生存に対する恐怖というものを感じることは、ほとんどないのではないかと思います。例えば、車やバイクに乗っていての事故という意味で、突発的なことが起こったりすることは充分考えられます。しかし、かつての時代の生存への恐怖に較べれば、現代は平和で安全で、快適な社会です。つまり生存に対する恐怖から随分と解放されつつあるということです。人間はずっと、そういう世界を目指してきました。そのために営々と努力を重ねてきたということが言えるかと思います。

ところが振り返って見れば、我々自身が怖さというもの、もしくは怖さに伴う人間の痛みというものをほとんど感じることなく過ごすことができるようになった今日、お互いが痛みを感じる存在であるということを了解できないようになっているのではないでしょうか。よく言われるように、現代は共感が難しい時代であるとも言われます。人間の叡智によって生存に対する畏怖を克服して、平和で安全で快適な環境を造り上げました。その結果、そのような環境を共有する必要が感じられなくなってきたということです。すると、そのために相手を平気で傷つけたり、殺めたり、理解が追いつかないような事件がさまざま起こっています。

言わば怖さを知らぬ時代に起こってきた新たな畏怖と言ってもいいのかも知れません。

怖さを知らないがために起こることで大変恐ろしいと思うのは、人間は平和で安全で快適な社会を目指して、営々と努力をしてきました。その方向へ進めば進むほど裏腹に、互いに怖さというものが共有できない、無感覚な人間になりつつあるということです。

平和で安全で快適な現代の恐怖とは、これまで人類の経験してきた恐怖とは異なって、畏怖を感ずることのできない、無感覚になったがゆえに引き起こされる新たな狂気の時代を迎えていることです。それは生活環境が安全で快適であればあるほど、ますます増大して、限りある生命に対して無感覚の恐怖へと向かわせていることだと思います。

2 「我が子亡くした親なれば　死んでも死なせはしないと　ただ一人嗚咽《おえつ》す」

そして二つ目の「我が子亡くした親なれば　死んでも死なせはしないと　ただ一人嗚咽《おえつ》す」ですが、皆さんも〝うーむ、そうやな〟と感じてもらえるかなと思います。言葉としては矛盾しています。「死んでも死なせはしない」――そんなことはあり得ないわけですが、しかし親の想いは、それほどの強いものであるということを表わそうと考えているわけです。

「仏教の思想」を初め、いろいろな所でこのような話を聞かれたことがあるだろうと思います。仏教――お釈迦さまの教えの出発点は「人生は苦なり」というところだと言われます。その時には「四苦」や「八苦」と言われます。「四苦」とは、生《しょう》・老《ろう》・病《びょう》・死《し》の苦しみのことで、「八苦」とはこの「四苦」に愛別離《あいべつり》苦《く》・怨憎会苦《おんぞうえく》・求不得苦《ぐふとくく》・五陰盛苦《ごうんじょうく》の四つを加えたものだということは、よくご存知だと思います。大変苦労することを「四苦八苦する」といいますが、起こりはここから来ています。ただ、「苦」という場合、それは「思い通りにならない」というのが本来の意味で、「苦痛」というものとは少し違います。

人は生命あるものとして生まれ、老い、病み、そして死んでゆく存在であることを表わしています。人はまた生きてゆく上で、愛しいものとの別れ、怨み憎む者との出会い、求めても求めても満足しない欲望、そして心身の環境が形作る世界――五感で感ずる苦しみを総じて「八苦」といいます。

その中の特に愛別離苦――愛しく、大事に思っている人との別れ、とりわけ我が子との別れほど辛いことはありませんが、この苦しみについて、仏教では一つの説話、物語が伝えられています。キサーゴータミー（Kisa-gotami）という名の女性の物語です。この女性はその後お釈迦さまの弟子になりますが、彼女に託して仏教の話が語られます。

キサーゴータミーという貧しい家の娘がいました。彼女はお金持ちの家の息子と結婚し、子供を授かりました。しかしヨチヨチ歩きができる頃になって、その子が亡くなってしまいます。すると周りの人は、亡くなったその子の亡骸を火葬にしようとします。インドでは現在でも亡骸を火葬するのが一般的です。皆さんもベナレスでの火葬の風景をテレビで見たことがあるかと思います。燃えた灰や骨は箒で掃いてガンジス河に流しています。だから周りの人々が火葬にしようとするのは当たり前のことです。

ところが、このキサーゴータミーはそれを拒みます。この子は死んでいるのではない。病気なのだから治さなきゃいけないということで、大騒ぎをするのです。愛する者の死を受け入れられないというのは、今日でもよく見られるもので、実に痛々しいものです。そして、キサーゴータミーは亡くなった子を抱えて薬を捜し廻るわけです。

「この子を治す薬を持っている方はいませんか？」

一人の賢者がそれを見て、この女性は初めて授かった我が子の死が受け入れられない。恐らくこれまで人の死というものを経験したことがないのではあるまいか。私が助けてあげようと考えます。そしてキサーゴータミーに向かって、

「私はこの子を治す薬は持っていないが、薬の作り方を知っている方なら教えることができる」

と言います。それでキサーゴータミーが、

「どなたが知っておられるのでしょうか？」

と尋ねると、賢者は、

「それはお釈迦さまという方です」

と答えました。するとキサーゴータミーはお釈迦さまの所へ急いで駈け付けまし

た。お釈迦様のもとに来たキサーゴータミーが、

「お釈迦さまはこの子を治す薬の作り方をご存じなのでしょうか？」

と訊くと、お釈迦さまは、

「知っているよ」

と答えられました。するとキサーゴータミーが、

「どうすればその薬を作ることができますか？」

と訊きました。お釈迦さまは、

「白辛子《からし》の種を持ってきなさい」

と答えられます。この「白辛子」については「白芥子《けし》」という説もあります。出典によって何を捜すのか変わるのですが、話の本筋ではないので、どちらでも構いません。

「ただし、今まで死者の出たことのない家から持ってこないといけない」

と言われました。未だかつて亡くなった人がいない家の白辛子でないとダメだという条件が付けられたわけです。それを聞いたキサーゴータミーは、来た道を取って返してまた村々を訪ね廻ります。

「あなたの家に白辛子ありませんか？」

あちらこちら訪ねて行きました。すると、

「もちろんありますよ」

という答えが返ってきます。

「私の子の薬を作るためにぜひとも分けてほしい」

と言うと、「いいですよ」と渡されます。古代から香辛料の集散地として栄えたインドのことです。それほど苦労せずに手に入るでしょう。その時にキサーゴータミーの頭を「ただし……」というお釈迦さまの言葉がよぎりました。

「ところで、お宅では今までに亡くなった方はいませんか？」

と訊くと、

「何を言っているのですか？　そんなことはあり得ないですよ。家では生きている者よりも死んだ者の方が多いんですよ」

それを聞いたキサーゴータミーはがっかりして、

「じゃあ、これは薬にはならないからお返しいたします」

と返すわけです。

そうして村中の家を一軒一軒と問答を繰り返しながら訪ねて廻りました。しかし白辛子のある家はたくさんあるけれども、死者の出ていない家は一軒もありません。とうとう夕暮れになって、キサーゴータミーは探しあぐねてくたびれ果ててしまいました。その時彼女はようやく気づいたのです。

「これまで死者の出ていない家はないのだ」

愛する家族との別れを経験したことのない人はいない、ということを初めて知ったのです。疲れ果てて我に返った時、実は生きている者よりも亡くなった人の方がいかに多いことかということに気が付いたのです。その時キサーゴータミーは、我が子への愛執の情が自ずと消え、そしてその死を受け入れることができました。亡くなった我が子の亡骸を森に置き、そしてまたお釈迦さまのもとに向かいました。

お釈迦さまがキサーゴータミーに対して「白辛子の種はありましたか？」と問うと、

「白辛子はありましたが、死者の出ていない家の白辛子はありませんでした」

と答えました。その時お釈迦さまは、

「あなたにとっては、自分の子だけが特別だったのだ。でもそうではない。……死の大王の思いは大洪水のように尽きることなく、すべての人間を運び去り、苦界の海に投げ入れる。眠れる村を大洪水が流し去るように、子や家畜に気を奪われて心の執着している人を死は攫っていくのだ」と教え諭されました。この話は、お釈迦さまがキサーゴータミーに対して、自ら気が付くように仕向けられたということを伝える物語です。

皆さんご存じの『歎異抄』の第四条に「慈悲」というものについて聖道門《しょうどうもん》と浄土門《じょうどもん》という二つがあると説明をされています。聖道門というのは、自ら覚りを得ようとする立場で、それに対して浄土門というのは、仏の救いによって覚りを得ようとする立場だと分けられます。聖道門の慈悲――覚りを求めて自らいろいろ修行を行ない、同時に人々を救おうとする立場は確かに素晴らしいけれども、残念ながら人間はそれを全うすることが極めて難しい。だから浄土門の慈悲――つまり阿弥陀仏の救いによって成仏してから思うように人々を憐れみ悲しむ方が、凡夫としてしか現実を生きることのできないわれわれにとっては、大いなる慈悲なのだと言われるわけです。

おそらく愛別離苦を通じて言われる事柄は、人間には如何ともし難い世界を持っているのだということを教えているのではないかなと思います。

現代は非常に良い時代です。便利な時代で、皆さんが欲する大概のことはできるのではないかと思います。あれをしたい、これが欲しい、それが可能な時代です。だからついつい忘れてしまいます。人間にはどうにもならない、ただ嗚咽するしかない世界のあること、そういう部分を背負って生きているということです。

3 「この世にて　多くの人と縁あれど　唯一貴方《あなた》へ微笑み返す」

それから三番目――「この世にて　多くの人と縁あれど　唯一貴方《あなた》へ微笑み返す」という標語です。講義の中で、こういう標語を十首ほど紹介する中では、学生さんにとって最も人気のある標語ではないかなと思います。ただ、私の思いとは違う部分もあります。「唯一貴方へ微笑み返す」という部分について、これを作った時に考えていたのは、いま皆さんが何となく想像されているのと同じようなことです。

皆さんはちょうど青春時代の真っただ中――ボーイフレンド、ガールフレンドがあって、あの人が好き、この人が好きだ、というイメージが湧いていると思います。

大体この標語を見た時に「そうだったらいいな」と言われるわけですが、先ほど申し上げたように、これについて改めて解説をしなければいけないとなった時に、いろんな思いが出てきました。

私は勘違いをしていたことが一つあって、これは学生さんに教えられました。昔の知識だったと思いますが、生き物の中で「笑う」ことができるのは人間だけだという思いがありました。そのような話をしていたら、最近は生物学でもいろいろ研究が進んで、「人間だけ」ではないことが証明されているようです。何れにせよ、人間ほど表情の豊かな生き物というのは恐らくいないのではないかと思います。

人間というものは顔の表情で喜び、悲しみ、驚き……さまざまなことを表現します。その表情の中に「微笑み」とか「笑い」ということがあります。微笑み――これも大きく言えば「笑い」ということだろうと思います。「笑い」の中にも「高笑い」や「薄笑い」とか「不適な笑み」「嘲り笑い」など、さまざまだろうと思います。このように人間はさまざまな「笑い」というものを持っていますが、「微笑む」というのは、何となく、その微笑みかける相手に対する限りない想い――慈愛というか、慈しみといったものが籠められた表現ではないかと思います。

「微笑み」というのは、皆さんであれば最も好きな人に対して微笑むということがまず思い浮かぶのではないかと思います。ところで皆さんが「微笑み」に出会った、その最初はいつだったかということを考えてみて下さい。それは多分、皆さんがお母さんのお腹に宿ったということを自覚した時なのではないかと思います。その時には、皆さんの姿形があるわけではありません。ないですが、お腹に生命を感じた瞬間、恐らく母親は微笑むのではないでしょうか。

そういう意味で言うと、「微笑まれる」ということは、生まれる以前からあったのではないでしょうか。「微笑む」ということは、何もこの世に誕生してからの顔の表情の話だけではなくて、その誕生以前に我々一人ひとりが微笑みの中に生を享けたのではないかと思います。そしてお腹の中で成長し、生まれてから今までの過程の中で、大いなる微笑みの中に包まれているのが人間の姿ではないかなと思います。

そこで、その「微笑む」ということが仏教の中でどう扱われているのか考えた時に、最初に浮かんだ言葉が「拈華《ねんげ》微笑《みしょう》」という非常に有名な言葉であります。

これは禅宗でよく言われる言葉ですが、お釈迦さまが霊鷲山《りょうじゅせん》でご自分の後継者を選ぶ時に一輪の華を拈《ひね》った。すると他のお弟子方は全く意味が解らなかったが、摩訶迦葉《まかかしょう》という人だけがその意味を悟ってにっこりと微笑んだ――。それで禅の法門を彼にのみ伝えたという伝説です。言葉は全くないけれども、釈尊の所作だけでその想いが伝わったということです。そこで禅宗では「微妙法門、不立文字、教外別伝」と、最も大事なことは言葉や文字では伝えることができないと言います。別の言葉では「以心伝心」とも言いますが、皆さんもそういうことが友だちや恋人との間であるでしょう。言葉にしなくても自分の思いが伝わっているということを経験されたことがあるだろうと思います。

人間には言葉によらない形で思いが伝わる、そういうものがあることを考えた時、その典型が「微笑む」ということではないかと思います。他にも、先に挙げた善導大師が次のように述べられています。

時に応じて無量尊（阿弥陀仏）、容《みかお》を動かし欣笑《ごんしょう》を発《おこ》し、

口より無数《むしゅ》の光を出して、あまねく十方の国を照らしたまふ

（『往生礼讃偈』初夜讃・『註釈版七祖篇』六七三頁）

仏とは、人々を救う時に微笑みをもって、口から光を出して人々を救うということです。そして、仏の在り方というのはどのようなものなのかについて、親鸞聖人は、

三界の衆生をわがひとり子とおもふことを得るを一子地《いっしじ》といふなり

（『浄土和讃』九二首・『註釈版』五七三頁）

と受け止められています。仏とは、我々一人ひとりの人間を、ちょうど親が一人の子を大事に思うのと同じような想いで救うのだと理解されています。

このことを実感したことがありました。もう随分昔のことですが、私のゼミの卒業生の方で、広島から来ていた女性です。卒業してしばらくの後に結婚しまし

た。そして子どもを授かります。それから更にしばらく経って、二人目のお子さんが授かりました。二人目のお子さんが生まれたという報せを受けて、ほんのわずかですがお祝いのようなことをしました。すると、それに対してお礼の手紙が来ました。その手紙を見ながら私は思わずニヤッと笑ってしまったのです。

それには二人目の子どもさんができて大変忙しいと書いてあって、その最後に学生時代のことに触れていました。私はもう忘れていましたが、彼女が受けていた授業の時に、人間の心は不思議だということを言ったらしいのです。その例として、お母さんに子どもが一人できたら、子に対する想いが心の中にできる。すると子が二人になれば、その想いが半分になるかと思いきや、心は二倍になる。三人になると、それが三倍になる。心というものは半分になるのではなくて、倍になっていく……。時間やモノは半分にならざるを得ないわけですが、心だけは一人の時には一つ、二人になれば二つと、倍になっていくのがとても不思議だというようなことを話したらしいのです。そして「先生が言われたことを、子どもが二人になったいま実感しております」と書いてありました。思わず〝ああ、良かったな〟という思いがしました。

今日の時代は、先ほども申し上げたように、平和で非常に快適な世界です。望めば何でも可能な社会で、危険を感じることもほとんどありません。ところが、そのために却って無感覚――恐ろしさも分からない、痛みも分からない、そういう人間を生み出します。人間が望む世界になればなるほど、人間の怖さ――狂気の社会に突き進んでゆくということではないでしょうか。

そのような中で、人というものは有限な存在――どうにもならないものを同時に持っています。その人間に対して、ちょうどお母さんが姿形のない以前から微笑んでくれているように、仏という大いなるものが微笑み――救いの手を差し伸べているのです。譬喩的な表現ですが、仏との出会いこそ我々の人生ではないか、ということを申し上げて、今日のお話を終らせていただきます。

（1）標語及び随想は、「宗教部報りゅうこく」七九号・八一号・八二号に、合計で五篇を掲載している。

八　法然聖人と親鸞聖人―師と弟子―

はじめに

おはようございます。昔は師走と言われるとおり、先生だけが忙しかったのかもしれませんが、近年はすべての人が十二月になると忙しいようです。そのような状況の中で、たくさんの方に来ていただきまして、本当に篤くお礼を申し上げます。

1　問題の出発点

法然聖人と親鸞聖人の師弟の関係についてお話させて頂きます。親鸞聖人の教えの中で『歎異抄』に「弟子一人も持たず候」という言葉が残っていますから、真宗の中では弟子はいないだろう、との思いを持っておられる方がおられるかもしれません。

ただし現実には、いろいろな方がおられて相互の関係があったということですから、当然、師と弟子ということが考えられてしかるべきと思っています。そこでこのような問題意識を持つことになった経緯について、私の個人的な体験を基にお話をしたいと思います。

もうずいぶん前の話になります。大学では四月になりますと、一回生が入ってまいります。二十名くらいまでの少人数のクラスで、初めて会って講義が始まる、そのときであります。学生さんが一人ひとり自己紹介をいたします。その中で、ある学生さんの返事が、何を聞いても「うん」という返事だったのです。

「ちょっとまずいな、一言言っておかないといけないな」と思い、授業が終わってから、その学生さんに「君と私は今日初めて会い、君は学生で、私は教員ですね。こういう場合にはふつう『はい』と返事をするのですよ」とアドバイスをいたしました。しかしまたもや返ってきたのが「うん」という返事だったのです。残念ながら、講義が始まってもなかなか直りませんでした。返事はやっぱり「うん」というものでした。

ところが、夏休みが過ぎまして、九月の末頃から授業が始まるときになりますと、「うん」ではなくて「はい」と返事をするようになっていたのです。どうしたのかなと思って理由を聞きましたら、「夏休みの間にアルバイトに行った」というのです。「どこに行ったの」と聞いたら、「夏休みの間、コンビニでアルバイトをしていて、そこの店長さんから懇々と言われた」と言うのです。当然のことです。お客さんが来られて、店員さんの返事が「うん」では、お客さんも怒ります。「うん」ではなく「はい」という返事をすることを、そこでも懇々と言われて、「はい」という返事をするようになったというのです。

そこで、なぜ以前は「うん」と返事をしていたのか理由を聞いてみました。すると、家でも、お父さんやお母さんに対して友達感覚で、学校の先生もみんな友達のように思い、「はい」と返事をする必要性は感じなかったそうです。そのような感覚でいますから、大学生になって、私から『うん』ではなく、『はい』という返事をするんですよ」と言われたとき、逆に面食らい「なんでだろう」というのが正直なところだったと思います。そのような意味で考えると、今日の社会は、すべてが平等という感覚が前提になっているのだろうと思います。

昔から心理学では、人間の相互の関係について「ハリネズミ理論」と言われるものがあります。人間の相互の関係をハリネズミに譬えたものです。ハリネズミという動物は、皆さんもご存じだと思いますが、全身に針がある動物です。ハリネズミが相手を好きになり、お互いに近づいてくるのです。ところが全身に針があるものですから、近すぎるとその針で相手を傷つけてしまいます。しかし離れ過ぎると、相手のぬくもりが伝わらない、という譬えであります。この譬えは何を教えているかといいますと、人と人との間も適度な距離が必要であるということです。そういうことをハリネズミに擬して言われるわけです。

一般的には「親しき仲にも礼儀あり」という言い方です。いくら親しいといっても、人と人との間にはそれなりの在り方、距離が必要であるということです。このような考え方が、果たして真宗の師と弟子の間でもあるのでしょうか。

それではまず、仏教の中ではどうなのかということです。釈尊に「天上天下唯我独尊」という言葉があります。この世界のすべての人の中で、我こそが最も尊い存在だというように言われました。

それからもう一点、釈尊が悟りを得て、最初は自分の悟った法、教えというものを人に説こうという気持ちはなかったとも言われます。そこで「梵天勧請《ぼんてんかんじょう》」

と言われることが起こります。「梵天」というのは、インドの神々を意味しますが、そのインドの神々が、釈尊に教えを説くようにお願いをしたと言うことです。特別な言い方をすれば、インドの人々の思いです。世界はインドしかないという当時の人々の思いですから、神々の願いというのは、すべての人々の願いということになります。すべての人によって、その教えを説いてほしいと釈尊に願われたということです。

そして釈尊は教えを説かれます。最初に教えが説かれたことを「初転法輪《しょてんぼうりん》」と言いますが、初めて説かれた教えが、歴史の中で回転し始めたということで「初転法輪」と言われます。自分の悟りの内容を説くために、まず最初に一緒に苦行をしていた人たち、いわゆる修行を共にした五人の仲間のところに行かれます。修行者たちからすると、釈尊というのは途中で挫折した人という見方をされていました。その釈尊が近づいてきます。するとかっての仲間は「ゴータマ・シッダールタ」と名前を呼ぼうとするのです。そのとき釈尊は「ゴータマと私の名前を呼んではいけない。私はすでに悟った者だ」と言って、名前を呼ぶとことを止められたという話が残っています。

これはどういう意味かというと、仏教は基本的に、悟った者と悟っていない者ではまったく違います。それが歴史の中で伝わってきて、いまでも「出家の仏教」と言うかぎり、悟っているかどうかは別にしても、師と弟子という関係は大きく違います。その関係が仏教の歴史の中にはあります。

ところが一方で、鎌倉時代の法然聖人、親鸞聖人は、すべての人が救われることを目標にして、教えを説き始められます。これは「出家の仏教」ではありません。親鸞聖人の言葉で言えば「非僧非俗」です。僧でもない、俗でもない、僧俗というのは一緒なんだ、と言われました。その場合、教えを説く者と聞く者とは、いったいどのような関係になってくるのでしょうか。それまでは、あきらかに悟った者と悟っていない者、師と弟子という区別がはっきりしていました。しかし「非僧非俗」となると、それまでの師と弟子とはまったく違う形になってきたということが考えられます。

2 七高僧の師弟論

そこで、浄土教の歴史の中で、師弟論というのを概略的に見ておきたいと思います。法然聖人と親鸞聖人のそれぞれが選ばれた「念仏を伝えた人」というのは、少し異なります。親鸞聖人は「七高僧」という方を選んでおられます。それはインドで二人―龍樹菩薩・天親菩薩、中国で三人―曇鸞大師・道綽禅師・善導大師、日本で二人―源信和尚・法然聖人という七人です。

①曇鸞大師

この「念仏の教えを伝えた人」から、師と弟子という関係を少しでも見ることができます。その中の一人の曇鸞大師に注目しますと、この曇鸞大師という方は、具体的に「私の教えは、自分の教え子の誰々が継ぐ人だ」とは一切言われません。言ってはいませんが、お弟子さんがおられたのは間違いありません。それは、曇鸞大師の伝記の中、特に臨終の時のことから推測できます。いよいよもって臨終が近いということで、お弟子さんたち全員に「臨終が近い」という連絡をしました。すると、大体三百人位のお弟子さんが集まったといわれます。

そして、曇鸞大師は心身を清浄にするため沐浴をし着替えをして、それから西の方に向いて香炉を手に持ち、集まった人たちに最後の説法をしたと伝えられます。もう臨終間際のことです。そんな余裕はないように私は思うのですが、そのようなことをされ亡くなられたそうです。

実はこのような行儀は今日でも行われていることです。真宗ではありませんが、

「出家の仏教」では、亡くなるときの儀式が行われると聞いたことがあります。

そこで、曇鸞大師はどのように思っていたのかというと「四海のうちみな兄弟だ」と言われます。要するに、世界の人は師と弟子ではなくて、すべて兄弟のようなものだということです。現実にお弟子さんはいるのですが、その中の「誰々」という形で私の教えを引き継いでもらうことはない、ということです。

②道綽禅師

次に、同じ中国の道綽禅師という方がいます。この方は、具体的に六人ほど名前を挙げています。ただし、これは「念仏をする人たちには、こういう人たちがいた」という意味で名前を挙げたのであって、「教えを伝えた人」という意味ではありません。そのため、道綽禅師においても、具体的に師と弟子という関係は見ることができないものと思います。

③善導大師

次に、善導大師という方が挙げられます。この方にも師匠という人はいません。これはどういうことかと言いますと、善導大師の教えの特色は「古今楷定《ここんかいじょう》」と言われます。「古今」は善導大師以前と現在、「楷」は手本、「楷定」は手本を定めるということです。つまりそれまでの教えは全部間違っているから、私が正しい教えを定めるということです。そのようなことを言われた方ですから、当然、師は考えようがなかったということになります。

この方が書かれた書物の最後に、次のような話が出てきます。「夜、夢の中に一人の僧が現れた。その僧の指示、教えによって、私はこの書物を書いたのだ」と言われます。そのような意味で言いますと、師とは、夢で現れた僧になると思います。善導大師は直接的には言われませんが、後になってきますと、この僧はおそらく阿弥陀仏のことだろうと言われます。要するに、仏が夢の中に現れて、その教えによってこの書物を書いたという意味で、後世では理解されていくのであります。

次に、法然聖人が善導大師をどのように理解されたかということになっていきます。法然聖人は「偏依善導一師《へんねぜんどういっし》」と言われます。善導大師ただ一人の教えによって、私は念仏の教えを立てたということが法然聖人の基本的な立場であります。

その法然聖人が見た善導大師という人は、どのような人かと言いますと、一つは「三昧発得《さんまいはっとく》の人」です。「三昧発得」とは、分かりやすく言えば、仏と仏の世界を見た人のことを言います。だから善導大師は、阿弥陀仏と阿弥陀仏の世界を見た人だという理解であります。法然聖人は善導大師を「仏を見た人」と理解をしていたということです。

法然聖人は善導大師に対してもう一つの見方をされます。それは、善導大師は仏の現れだという理解です。しかもすでに中国で善導大師は阿弥陀仏の化身だ、阿弥陀仏が姿を変えて現れた方だということが言われていました。それが日本に伝わってきますので、当然、法然聖人も善導大師は仏を見た人、阿弥陀仏の化身という見方をされておられたということであります。

④法然聖人

では次に、法然聖人についてお話しいたします。

通常、法然聖人の教義的な特徴といえば、「称名念仏」「専修念仏」ということが言われます。念仏一つで往生することができる、だから、念仏一つでいいということです。そのため、それ以外の行については言われることがあまりないのですが、実は法然聖人も三昧発得をされています。つまり、法然聖人自身も仏と仏の世界を見られた人だということです。法然聖人の日記の中に、自分の三昧発得の体験として、六十六歳から七十四歳の頃に、そのようなことが起こったと書かれています。

親鸞聖人が比叡山から下りられるのは二十九歳の時です。六角堂に行かれ、その後法然聖人のところに行かれます。法然聖人と親鸞聖人は年齢が四十歳違います。その当時法然聖人は六十九歳です。その頃、法然聖人は仏と仏の世界を見るような経験をされているときに当たります。その三昧発得をされている法然聖人に親鸞聖人は初めて出会われたということであります。ときおり、どんな感じだったのかと想像するのですが、正直言いましてよくわかりません。おそらく私たちが日常の中で人に会うというものとは、大きく違ったのではないかと思っています。

親鸞聖人は法然聖人の元で勉強をされて足かけ六年、三十五歳までおられますが、その間にいろいろな弾圧があります。親鸞聖人が三十五歳のとき、『七箇条起請文』が作られるということがありました。これは何かと言いますと、法然聖人の念仏の教えが、だんだん人々に広まっていきます。すると、人が集まってきます。人が集まれば、いろいろなことが起こります。中には生活上とか、倫理上してはいけないことをする人も現れてきます。当時の仏教のあり方としては戒律というものが前提にあります。そのため当時の仏教界から批判を受けます。批判を受けたものですから、「以降、こういうことはしません」という誓約書のようなものを出しました。これが『七箇条起請文』と呼ばれるものです。法然聖人の門弟百九十人ほどが、二日間にわたって、次々と署名していきました。最初の方に署名されている方を見ますと、やはり法然聖人の門弟の中でも、後世に名前が残ったり、高弟と言われる人たちが見られます。

親鸞聖人はといいますと、二日目の八十七番目に、僧綽空という名前（このときの親鸞聖人の名前）で署名されています。おそらく、お弟子さんの中の一人という見方、門弟の中でも特に高弟というのではなかっただろうと思われます。

ところが、もう一つの注目すべき事実があります。法然聖人の書物に『選択集』があります。当時の執政の地位にある関白九条兼実という方が、法然聖人に要請をして書かれたものです。要するに、法然聖人が亡くなられたら念仏の教えを聞くことができないので、そのために存命中に念仏の教えを書いてくれ、と九条兼実から頼まれてまとめられたものです。

その『選択集』の最後に、「この書物を読んだ人は、土壁の間に入れて、人に見せるな」とあります。いわば、誰でも彼でもこの書物は見せてはいけないということです。この書物は他の人に見られたとき、弾圧を受ける危険があるかもしれない、ということを法然聖人は承知していたということです。どういうことかというと、法然聖人の主張は、念仏だけでいいというものです。すると、その当時からいろいろな宗教、宗派があるわけですから、その人たちは自分たちがやっていることに一体どういう意味があるのか、意味がないといっているのか、けしからん主張だ、と考えて当然だろうと思います。

そのようななかで、親鸞聖人は、この『選択集』を書き写すことを許されました。法然聖人が『選択集』を書き写すことを許された方は、現在わかっているだけで六人しかおられません。『七箇条起請文』に署名した百九十人の中で、たった六人だけです。このような事実を踏まえますと、法然聖人の目から見たとき、この六人だけが、自身の主張を理解している人と思われたと理解することができるでしょう。この六人は皆、後に名前が残る人たちですが、その中に親鸞聖人も入っています。

このことについて親鸞聖人の『教行信証』「化巻」に、「悲喜の涙を抑えて、其の由縁を記す」というように法然聖人への思いが出てまいります。同じく「化巻」に法然聖人の絵像を写すことを許されたこと、法然聖人に字を書いてもらったこと、そして『選択集』を書き写すことを許されたことが書かれています。

そうすると、この二つの関係をどのように考えればいいのでしょうか。親鸞聖人が『七箇条起請文』で署名したときは真ん中くらいの位置と思われたことは、お弟子さん同士の間でいえば、親鸞聖人は決して法然聖人の高弟ではなかったのです。だから、八十七番目で署名されているわけです。ところが、法然聖人からみると親鸞聖人は『選択集』を書写することを許されるような、念仏の教えを正確に理解できた人という見方をされていたということになります。ここに仲間内で見るのか、師の立場で見るのか、という見方の違いがあるのではないかと思われます。

3　親鸞聖人の師弟論

①面授の師

次に、親鸞聖人は、法然聖人のことをどのように思われていたのか、ということであります。

今、申し上げましたように、親鸞聖人は『教行信証』「化巻」において、法然聖人のことを仰がれています。また親鸞聖人が書かれたものの中で、今残されている最晩年のものは八十八歳の時のものです。八十八歳でも物を書くことができると言うのは、気力、体力がないとできないと思います。ところで、親鸞聖人が法然聖人と別れられて四十三年後に書かれた『親鸞聖人消息』という手紙の中に、かつて法然聖人が「浄土宗の人は愚者になりて往生す」と言っておられたということが書かれています。法然聖人は、浄土宗の人は愚か者と言っておられたということです。しかも別れてから四十三年後のことです。

親鸞聖人も法然聖人と別れて四十三年経った後でも、法然聖人からこのようなことを教えられたと覚えておられるということです。

②二つの祖師像

親鸞聖人の法然聖人に対する見方は、大きく分けて二つあると思っています。

一つは国中に念仏を広めた人だという見方です。これは間違いのない事実です。今日、浄土宗では、非常に大事な法然聖人の教えが書かれていると見られる『一枚起請文』というものがあります。法然聖人には「常随の弟子」という方がおられました。常に側におられた方という意味です。法然聖人が亡くなられる前に、その常随のお弟子に『一枚起請文』を書き与えられました。この「常随の弟子」が勢観房源智《せいかんぼうげんち》という方です。

この方には、もう一つ有名な話があります。『歎異抄』に「善人なをもて往生をとぐ、いはんや悪人をや」という言葉があります。実はあの言葉は、勢観房源智が「口伝これあり」という形で、法然聖人がこのように言っておられたと伝えたものです。内容は別にしても、あのフレーズを法然聖人も言っておられたということになると思います。

その勢観房源智が、法然聖人が亡くなられた後、徳を讃えるためにお寺を作り、仏像を造って安置をします。その寺院・仏像を造るために勧進、血縁者（念仏に縁のあった人たち）から寄付を集めます。現在、滋賀県信楽という焼き物の里に、玉桂寺《ぎょっけいじ》というお寺があります。ずいぶん昔に行ったときは、かなり傷んでいたのですが、近年修復されてきれいになっています。そのお寺の仏像の中から、このときの血縁者の名簿が出てきました。その名簿から大体四万六千人の人が寄付をしていたことが分かりました。また関西から北陸、北海道（「蝦夷」という言葉が出てきます）まで念仏が広がり、貴族から名もない念仏者まで、さまざまな人たちが寄付をしていたことも分かりました。そのため、法然聖人の教えが日本国中に広まっていた、ということは事実と思います。

それからもう一つは、親鸞聖人が法然聖人を褒めたたえておられる、讃歎《さんたん》されているということです。この点についてはおそらく理解不能と思われる部分もあ

るのではないかと思います。「髙僧和讃」に、

源空（法然聖人のこと）みづからのたまはく　霊山会上《りようぜんえじよう》にありしとき　声聞僧《しようもんそう》にまじはりて　頭陀《ずだ》を行じて化度《けど》せしむ（『註釈版』五九八頁）

というのがあります。このままの意味では、「法然聖人が自分で言われた。私は霊山会上―インドのお釈迦様がおられた山―にいた。そこで声聞僧―悟りを求めて修行する人たち―と同じように、頭陀を行じた」ということになります。「頭陀」というのは、衣食住に執着をしない、そのような執着を取り除くための行のことです。たとえば、食べ物であろうが、お金であろうが、何でも入れられる袋のことを「ズダ袋」といいます。それはもともと、衣食住への執着を取り除く修行のことを意味していた言葉です。ここでは、法然聖人はインドで修行をしていたというように出てまいります。

また同じ「髙僧和讃」に、

命終《みょうじゅう》その期ちかづきて　本師源空のたまはく　往生みたびになりぬるに
このたびことにとげやすし
（『註釈版』五九七頁）

とも言われます。これは「いよいよもって臨終が近い。そのときに法然聖人が自分で言われた。往生も三回目になるからたやすいものだ」ということです。そのようなことが親鸞聖人が書かれた「髙僧和讃」の中法然聖人の和讃の中にでてまいります。

そこだけを見ると、とても信じられません。さらに言いますと、法然聖人が空中に浮いたとか、光が輝いていたというように、私たちが理性的に考えると「こんなことあるのか」というような表現で述べられています。

ところが、慈鎮和尚（慈円）の『愚管抄』の中に、法然聖人の臨終の様子が書かれています。法然聖人は流罪になって、その後京都に帰ることは許されませんでした。ようやく京都に帰ってきて、一ヶ月と少しで亡くなられます。建暦三年

（一二一二）のことです。法然聖人が亡くなられて、たくさんのお弟子さんたちが集まってきます。その時の様子が『愚管抄』に述べられています。

ゆるされて終に大谷と云東山にて入滅してけり。それも往生々々と云なして人あつまりけれど、さるたしかなる事もなし（第六巻）

つまり「ようやく罪が許されて、ついに大谷という東山で入滅された」ということです。大谷という場所は、いまの京都の東山の知恩院の山側あたりです。また「往生された、往生されたと言って人が集まったが何事もなかった」と『愚管抄』には書かれています。おそらく事実としては、この『愚管抄』が正解でしょう。法然聖人が亡くなられても何事もなかった、というのが歴史的な事実であると思います。

では、親鸞聖人が「髙僧和讃」で言われる「往生みたびになる」という表現や、「インドで修行されていた」「光輝いていた」「空中に浮いていた」といった話はどういうことなのかということが、一つ問題になってきます。

これは親鸞聖人が、法然聖人の念仏の教示によって私の往生が間違いない、という立場から見たときに、法然聖人は仏のような人であるという意味だと思います。そのため、親鸞聖人の立場から言えば、法然聖人は間違いなく仏であった、ということが言えると思います。

ただし、それはあくまで私の往生というものが、法然聖人によって、間違いなく決定《けつじょう》したという想いからだということであります。

4　恵信尼の師弟論

恵信尼公という親鸞聖人の奥様は、親鸞聖人のことをどのように見ておられたのでしょうか。これは、手紙に残っています。その中で「夢の中で」といわれますが、鳥居みたいなものに旗がかかっていて、それをよくよく見てみると勢至菩薩が法然聖人で、もう一方の観音菩薩が親鸞聖人だったという内容のものでありま す。これが書かれたのは、親鸞聖人が亡くなられた後のことです。親鸞聖人が京都で亡くなられたとき、その場に居たのは一番下の娘さんの覚信尼公という方で「お父さんが亡くなった」と越後におられるお母さんの恵信尼公に手紙を書きます。そして、恵信尼公が娘さんの覚信尼公に宛てた手紙を書かれました。これはその中に出てくる出来事です。そのとき「法然聖人が勢至菩薩だ」ということを親鸞聖人に言われるのですが、するとそれは本当のことだと親鸞聖人が恵信尼公に答えられたということが書かれています。

そして、次の部分が大変興味深いところではないかと思うのですが、恵信尼公は「親鸞聖人のことを、私は観音菩薩だと思って見ていたのですが、これは本当でしょうか」とは聞いておられません。もし聞かれたら親鸞聖人は何と答えられたでしょうか。「いやいや、そのようなことはない」という答えが返ってきただろうと思いますが、恵信尼公もその時には聞かれませんでした。この出来事はだいたい四十二、三歳の頃のことであります。

おわりに

最後に『歎異抄』についてお話しなければいけないのですが、結論のところだけを申しあげたいと思います。

私は、『歎異抄』は非常に位置付けが難しい書物だと考えています。その理由は、『歎異抄』は全部で十八章ありますが、最初の十章が親鸞聖人の言葉、後半八章が唯円の異義批判となっているからです。しかもそれは、唯円という方が選んだものです。親鸞聖人が亡くなられて、三十年くらい経ってから書かれたものと言われていましたが、最近では二十五年くらいまでと見ることができるとも言われています。その唯円が見た親鸞聖人という意味で理解をすべき内容だろうと思っています。

そこでいままで申し上げたことと『歎異抄』とは違う点があります。それはどのような点かといいますと、たとえば、法然聖人が見た善導大師は「三昧発得の人」ということ、また法然聖人自身も体験された三昧発得に関しては『歎異抄』にまったく出てきません。そのような意味で『歎異抄』というのは非常に合理的、論理的、理性的な書物であると見ることができるかと思います。また親鸞聖人が法然聖人を仏のように思っておられたという側面、恵信尼公が親鸞聖人を菩薩のように思っておられたという側面は『歎異抄』にありません。『歎異抄』に現れた親鸞聖人像というのは「信心の人」、つまり仏の生まれ変わりではなく「信心の人」という見方が『歎異抄』ではないかと思います。

このような意味では、親鸞聖人もしくは唯円の「一人がためなり」といわれるような自立した人間としての信心、一個人としての信心のあり方が徹底的に表現された書物ではないかと思います。だから、近代になって『歎異抄』が人々に受け入れられたのでしょう。ただし、親鸞聖人が法然聖人を仏のように思っておられたという部分がなくなってもいいのかという点については、問題が残るように私自身は思っています。

なぜなら、後の世において島根の妙好人浅原才市《さいいち》という方が、お寺で住職の説法を聞いた時、「今日の説法は、弥陀の直説《じきせつ》だ」と受け止めておられます。実際に説法をされておられるのは、お寺の住職なのですが、仏の言葉として受け止めておられます。このような部分というのは、現代の人間にとって何らかの意味で重要な部分ではないかと思います。

少し時間がオーバーしてしまいました。しかも『歎異抄』の部分は十分なお話ができず、結論だけになってしまいましたが、これで私の話を終わらせていただきたいと思います。どうも、ご静聴ありがとうございました。

九　氷が溶けたら何になる

はじめに

皆様、ようこそお参りくださいました。ただ今紹介いただきました、龍谷大学の川添と申します。本日のタイトルは「氷が溶けたら何になる」と掲げさせていただきました。お手元にレジュメをお渡ししていると思いますので、順番にお話ししていきたいと思います。

1　氷の話

以前、新聞で氷に関する記事が載っておりました。北海道の札幌であった実際の出来事で、記者の方が人伝えにこのような話を聞いた、ということが書かれていました。

五十年ほど前、小学校低学年の理科のテストに「氷が溶けたら何になる?」という問題があったそうです。普通は「氷が溶けたら水になる」と答えるのが当たり前です。しかも理科のテストですから、科学的な答えが求められていると思います。ところが当時小学生であった女の子が答えに「春」と書いた、というようなことを記事にしていました。

その「春」と書いたご本人が新聞記事をたまたま見られたというのです。「ひょっとすると、これは私のことではないだろうか」と思い、当時の物をとっておいた段ボールを取り出して探してみると、黄色くなったノートが出てきたそうです。当然理科のテストですから、解答としては×だったようで、それをコピーして新聞社に送られたそうです。そのような過程があって、記者の方が一連の出来事をもう一度記事にされました。記事にする時に電話で、「どうして氷が溶けたら、水ではなく、春になると答えたのですか」と聞いてみますと、相手の方は「幼い頃にクロッカスを育てていました。雪が溶ける頃になると、土の下から少しずつ芽が出てきます。そういうことが頭にあって、学校のテストで問題が出た時理科の科目であるけれども、素直な思いで春と解答したのです。」と説明してくださったそうです。

私はこの記事から二つのことを考えました。一つは、よくぞお母さんが幼い時のノート等々を取っておいてくれたものだな、ということです。少し古くなってしまうと捨ててしまう、というのが今日の風潮だと思いますが、お母さんは本当に偉大だなと思いました。最近はあまり言われなくなりましたが、一時期「断捨離」という言葉がよく聞かれました。つまり過去の物を整理して、前向きに生きていかなければならないのだ、という考え方です。確かに断捨離は前向きな思考だろうと思いますが、反面、いきすぎると大事な物をなくしてしまう事もあります。考えてみますと、この小学生が「春」と解答したノートも、捨てられていても決して不思議ではなかったわけです。しかし、お母さんが取っておいてくれたおかげで何十年も経って、再びお母さんの優しさや思い出をお嬢さんが掘り起こすことができたのです。

二つ目は「氷が溶けたら水になる」、これは物質的な変化を説明しています。物の変化を説明しているもので、いわば一般的な答えと言えるでしょう。対して、「氷が溶けたら春になる」、これは物の変化の意味を説明しています。同じ「変わる」という言葉に二つの意味が出てくるのです。氷が変化すること自体は同じなのですが、その答えが「水」であったり、「春」であったりするのです。受け止め方、理解の仕方によって、同じ状態であっても理解の仕方が変わってくるということです。

それでは、その「氷」という所を、「私」に置き換えてみていただきたいと思います。どういうふうに考えられるでしょうか。物質的に考えますと「私」は生まれて、成長して、働いて、年をとって、亡くなっていきます。そして灰になって、土に還っていきます。

ではもう一つの氷が溶けたら春になるという変化についてです。「私」は生まれて、成長して、人生を生きていきます。この時、物質的には変化しないのですが、我々自身は人生をどういう思いで生きているでしょうか。私のあるべき姿を考え、こうあってほしい、という思いで人生を生きているのではないでしょうか。これはなかなか難しいことではありますが、できれば私はこうありたい、こうなって欲しい、そんな思いで我々は人生を生きているのではないかな、と思います。

「あなたの人生の目標は何ですか。」

と聞かれた時に、

「私の人生の目標は灰になることです。」

と答える方はおられないでしょう。どこかに、

「私はこうあってほしい。なかなか達成できないかもしれないけれど、こうなってほしい。」

という願いを持って、人生を生き抜くのではないかと思います。私は専門的に勉強したわけではありませんが、キリスト教ではこういったことを「人はパンのみに生きるにあらず」という言葉で表すのだろうと思います。

2　生きる目的

では我々が人生を生きる目的、生きる意味について考えてみたいと思います。人は、自分だけ良ければいい、という考えは持たないと思います。人間は誰しも優しい思いを持っています。自分だけ良ければ他人はどうでもいい、という考え

よりも何とか自分と一緒に、というような在るべき姿を求めて人生を生きていると思います。

このことについて浄土真宗の視点から考えてみたいと思います。親鸞聖人は、自分に念仏の教えが伝わってくる流れに、インド二人、中国三人、日本二人、合わせて七人のお坊さんがおられることを言っておられます。その中の中国のお坊さんで、曇鸞大師という方がおられます。この曇鸞という方の書物に、『往生論註』というものがあります。その『往生論註』の中では、慈悲について三つに分けて書かれています。一つが「小悲」、それから「中悲」、「大悲」です。

わかりやすく言い換えますと、小悲は人間愛となるだろうと思います。人間は誰しも人を慈しむもので、優しい心があります。この人間の愛、人間の在り方についいて、『蜘蛛の糸』の話があります。『蜘蛛の糸』というと、みなさんはすぐに芥川龍之介（一八九二〜一九二七）を思い出されると思います。ご存じの通り

『蜘蛛の糸』は地獄に堕ちたカンダタを見たお釈迦様が「この人はこの世にいる時に、蜘蛛の命を助けた人だ」と気付いて、地獄に蜘蛛の糸を垂らして助けようとしたという話です。地獄にいるカンダタは自分の目の前に蜘蛛の糸が垂れてきて、蜘蛛の糸を使って地獄から逃れようと、上に登っていこうとします。ところがふと気がついて下を見ると、その一本の蜘蛛の糸を伝って、次から次へと地獄の亡者が登ってこようとします。そのように地獄の亡者が数珠つなぎのように登ってくると、蜘蛛の糸ですからいつ切れるか分かりません。そこでカンダタが「登ってくるな、俺のものだ」と登ってくる人々に向かって言ったとたんに、蜘蛛の糸が手元でプツッと切れて、また地獄に堕ちていってしまった、というストーリーです。

何となく違和感があるな、と思ったのは、話がここで終わっているということです。仏教であれば、当然人を救うということが主題となります。ところが、救いが無い事に違和感を覚えたわけです。実は芥川龍之介が書いた『蜘蛛の糸』は、元々ポール・ケーラスというドイツ系アメリカ人の宗教学者の方が『カルマ』という題で書かれたものを基としているそうです。それを鈴木大拙（一八七〇〜一九六六）という方が、『因果の小車』という邦訳で紹介したのです。それがヒントになって芥川龍之介は『蜘蛛の糸』という小説を書いたわけです。ですから、仏教における人間の救いということが主題で書かれたのではなくて、人間の自我、利己心とはどういうものなのか、ということを描き出すために書いたものであることが分かります。ただ仏教徒としましては、やはりそこで終わるとなんとなく据わりが悪いと感じ、中には自分で続きを作ろうとされる方もおられるようです。

またこれも以前、大阪で起こった事件です。テレビのニュースで放送されたのをたまたま見たのですが、年をとったおじいさんが、明日食べるものが無く困っていたそうです。そこで自分の飼っていた犬の足を切って、路上で「交通事故に遭ったかわいそうな犬です。どうぞお恵みをお願いします」というようなことをされたそうです。ところが飼っていた犬の足を切るというのは動物虐待でありまして、警察に露見し、おじいさんは逮捕され、犬は保健所に送られた、という事件でした。テレビ局はその事件を知って、街頭で何人かの人にどう思われるかインタビューをしていました。当然そのような事件の話を聞くと、「なんてひどいおじいさんだ。犬がかわいそうだ」という答えが返ってきておりました。

ニュースはそこで終わりだったのですが、私の中に一つ疑問が生じました。つまり、この保健所に引き取られた犬はどうなったのだろうか、ということです。これは法律で決まっている事ですが、引き取り手がなければこの犬は殺処分されます。ただこの犬は放送されたという事もあってか、しばらくして引き取り手の方が現れたという事がニュースで流れましたので、殺されなかったようです。しかし引き取り手がなければ、この犬は殺処分されていたわけです。一方でインタビューされたごく普通の方々は、おじいさんと一緒にいると犬はかわいそうだ、と言っていました。かわいそうだと言ったおかげで犬は死ななければならない、ということになってしまう可能性もあったわけです。我々の身近なものというのはそのような形で存在しているのではないかと思います。つまり人間の愛、かわいそうだと思うことが、反って命を奪ってしまう、これが人間の社会で示されることだと思います。

それから中悲とありますが、これは人類愛と言い換えると良いと思います。かの有名なマケドニア出身のカトリックの修道女であったマザー・テレサ（一九一〇〜一九九七）は、インドにおいていかなる人にも人間の尊厳があるという人類愛を実践された方です。またビームラーオ・アンベートカル（一八九一〜一九五六）という方は、インドや仏教に関心のある方はご存じだと思いますが、インド憲法の父と言われる人です。インドと聞いて我々がすぐに思い起こすのはガンジーという名前で、インドの国父と言われ、インドを象徴する人物ですが、このアンベートカルはガンジーに対して批判的だった人であります。インドのカースト制度をガンジーは無くそうとしなかった、という主張をされたのがこの方です。いわゆるアンタッチャブル、不可触民と呼ばれる人々の解放を願い実践したのがこのアンベートカルという人です。最後がアメリカ合衆国のプロテスタントバプテスト派の牧師であり「I Have A Dream」という有名な言葉を残したマーティン・ルーサー・キング牧師（一九二九～一九六八）です。アフリカンアメリカンの人々の解放を願われた人であります。

このように三人の名前を挙げました。この三人の方々は、親族や友達と言った身近な存在を超えた、より広い人類愛というものを願い実践された人達です。さらにこのような話も新聞の記事に載っておりました。ブータンは小さな仏教国で、様々な所で日本に似ている国です。最近は変わってきていると言われますが、非常に素朴な国です。そこに行かれた記者の方が、たまたま正月の行事に遇われたそうです。正月ですから向こうの方々も当然お寺にお参りされています。お参りに参加したその記者の方は、自分の願いを中心に思ってお参りされたそうです。そこでふと隣の人がどのようなことを思ってお参りされたのかと思い聞いてみると、「世界の人々が幸せになりますように、と願ってお参りさせてもらっていまず」という答えが返ってきたそうです。それを聞いて記者の人は非常に恥ずかしかった、己のことしか願っていない自分が恥ずかしかった、と書いておられました。

最後に大悲です。これは無縁の愛と言って良いだろうと思います。縁の無い愛です。我々は通常「縁なき衆生は度し難し」と言います。つまり縁がない人は救いようがないということです。ところが、これが親鸞聖人の教えの中で成り立つかと言いますと、成り立たないのです。なぜかといいますと、親鸞聖人の『浄土

和讃』「弥陀経讃」で

十方微塵《みじん》世界の　念仏の衆生をみそなわし　摂取してすてざれば　阿弥陀となづけたてまつる

（『註釈版』五七一頁）

と書いておられます。ここに「摂取」という言葉がありますが、この「摂取」に訓をふって、「摂はものの逃ぐるを追はへ取るなり」と解説しておられます。要するに人間が「悟りなんかに至りたくない。仏なんかになりたくない」といって逃げ回るのを、仏の方から働きかけ、追いかけてきて捕まえて、救おうとしている、と親鸞聖人は理解されているということです。つまり縁のない人を縁のあるようにする、あるいは縁の無い人に縁をつけようと働いていることが、大悲、無縁の愛であり、仏の在り方なのです。

3　ターンする世界

三番目のお話です。先ほど親鸞聖人は、仏になりたくない、悟りを得たくない、とどこまでも逃げ回る人間を摂め取って救おうとする在り方が、悟りの在り方であり仏の在り方である、と理解されたとお話ししました。それをうけて「ターンする世界」です。これも少し前からですが、宗教の形態にも二つの種類があると思い始めました。一つは直線的宗教、もう一つは円環的宗教です。直線的宗教に分類されるのは、キリスト教やイスラム教のような宗教です。この世で神と契約し、その教えを守って、亡くなって復活をします。復活をして神の審判を経て、地獄に行くか天国に行くことになります。これがキリスト教やイスラム教の教えです。それに対して仏教は円環的宗教だと言えます。特に親鸞聖人は還相回向を説きます。つまり我々が人生を終えた後、地獄に行くか天国に行くかではなくて、再びこの世界に還ってくるという教えである、ということです。
そのことを具体的に表したものとして「また来ます」という言葉を挙げていま
す。この前、たまたま九条武子様（一八八七〜一九二八）の伝記を読んでおりま
した。京都女子大学を設立されたり、東京の築地別院で関東大震災に遭われた方
の救済をされたりした方で、四二歳で若くして亡くなられております。その亡く
なられる時に、「最後にお兄さんの法話が聞きたい」と願われたそうです。そし
てお兄さんがご法話をされて、亡くなっていかれる際の言葉が、「また来ます」
だったそうです。この世界にさようなら、ではなくて、この世界にまたきて人々
を救おうとします、という思いだったのではないかなと思います。親鸞聖人の教
えを受けられた唯円が書かれた『歎異抄』第四章に、聖人の言葉として

慈悲に聖道《しょうどう》・浄土のかわりめあり。聖道の慈悲といふは、ものをあわれみ、
かなしみ、はぐくむなり。しかれども、おもふがごとくたすけとぐること、

きはめてありがたし。浄土の慈悲といふは、念仏して、いそぎ仏になりて、大慈大悲心《だいじだいひ》をもつて、おもふがごとく衆生を利益するをいふべきなり。今生に、いかにいとほし不便とおもふとも、存知のごとくたすけがたければ、この慈悲始終なし。しかれば、念仏申すのみぞ、するゑとほりたる大慈悲心にて候ふべきと云々。

（『註釈版』八三四頁）

とあります。仏教の中には大きく分けて聖道門と浄土門があります。聖道門というのは、自ら修行し悟りを得ようとする立場です。自らの力をもって、人々を救おうとするのですが、その行為が完全かどうかということが問われてきます。先ほど中悲、人類愛について述べましたが、聖道門の慈悲は中悲のように非常に素晴らしいものであるけれど、限りがあるものだということです。『歎異抄』のこの部分では、仏の救い、慈悲というものは限りのないものであると言おうとしているのだと思います。時間空間を通じて限りがあっては、仏の救いであるとはいえません。

これに対して親鸞聖人の立場は、浄土の慈悲というものがあるという立場です。「念仏して、いそぎ仏になりて、大慈大悲心をもつて、おもふがごとく衆生を利益する」、つまり「私が悟りを得てこの世界に還ってきて、有縁の人々から全ての人々を救う」という在り方こそが、本当の救いであります。それこそが大悲、無縁の愛と言われるものだ、という理解であると思われます。

むすび

このような親鸞聖人のおっしゃる「大悲心」というものを受け止めて生涯をおくられた方のことを、浄土真宗では妙好人と呼びます。その中で二人ほどご紹介しようと思います。

一人は山口県の六連島のお軽（一八〇一～一八五七）という方です。その方が

「鮎は瀬にすむ　小鳥は森に　わたしゃ六字のなかにすむ」と仰っています。六字というのは南無阿弥陀仏で、お念仏というものは私が口で称えるものです。称えるものなのですが、単に私が称えるだけではなくて、称えているお念仏に私が包まれている、ということです。ですから包まれながら同時に称えている、という在り方です。先ほど摂取という言葉を使いましたが、いわば私が南無阿弥陀仏と称えながら、同時に私自身が仏の慈悲の中にいつも包まれている、という心境ではないかと思います。別な言い方をしますと、我々は空気を吸って吐いて息をしています。同時にその空気に包まれています。しかし空気に感謝することはまずありません。無くなって初めて、空気のありがたさを感じるのだと思います。それに気付いたこの妙好人のお軽さんは、「六字の中にすむ」という言葉で表現しているのでしょう。

それからもう一人が、島根県の浅原才市（一八五〇～一九三二）という方です。

その方は「わたしゃ　極楽見たことないが　声で楽しむ南無阿弥陀仏」と述べられております。今、口に南無阿弥陀仏と称えているその中に、浄土もあり仏もあると味わっていらっしゃるんだろうと思います。それは仏の無縁の慈悲、大悲に気がついた人の心の在り方を表しているのだと考えられます。

皆様も、単に生まれて生きて灰になる、という人生を願われてはいないだろうと思います。生まれたからには、必ずあるべき姿というものを願って生きていくのが人生であります。ともに大悲というものに目覚めた人生をおくっていけたら、と願って、私のお話は終わりとさせていただきます。

長時間のご静聴ありがとうございました。

十　真宗における実践―聞について―

今回は浄土真宗でよく強調される「聞く」ということについて、少しお話をさせて頂きます。

本稿の最後（185頁）に写真があります。これはラオスでの写真です。ラオスのルアンパバーンという世界遺産の町にはお寺がたくさんありますが、よく見て頂くとお坊さんがこちらを向いているのがお分かりかと思います。これはお経をあげている途中です。写真の手前の方々は、お供養に来ている信者さんたちです。黄色い袈裟を着けたお坊さんは、信者さんたちを連れて来ています。そして、黄色い袈裟を着けたお坊さんの向こう側でこちらを向いて座っている三人のお坊さんが見えます。その内、両脇のお二人はこちらを向かれているのが分かると思います。

考えてみますとお経というものは、仏さまに向かってあげるのが当たり前だと思っています。しかし、元々はそういうものではありません。お経とは、釈尊が説いた言葉です。釈尊が説いた言葉であれば、当然聞いている人に向かって話をするはずです。それがお経という形になったのですから、当然人に向かってお経はあげるということになります。人に向かってのものですから、「あげる」という言い方もおかしいと思います。

上座部仏教の方では、現在でも人に向かってお経の読誦が行われています。私も知識としては知っていましたが、実際に見るのはその時が初めてでした。お経の読誦中でしたから躊躇しましたが、ここで逃したら一生撮れないと思って写真を撮りました。

ところで大乗仏教についてですが、インドから中国、そして朝鮮半島、日本と伝わってきた時にお経の意味というものが変わってきます。大乗仏教でお経を読誦することは仏を讃えることですから、仏さまの方を向いてお経をあげることとなり、そして私たちはそれを聞く、という形になります。それ故、基本的にお経の最初の言葉は「如是我聞」という言葉です。「如是我聞」というのは「釈尊が言われた言葉を私はこのように聞きました」、ということです。そしてまた次の人が、私は前の人からこういうように聞きました、とずっと伝わってきたものです。だから今でもお経の最初は「如是我聞」または「我聞如是」のどちらかです。だから仏教の中では、「聞思修」ということを非常に強く言われます。聞いて、それから納得して、と言った方が良いかもしれないですが、思って、それからその通りに行う、ということです。

仏教の中でも「聞く」ということは非常に重要なことです。おそらく浄土真宗では蓮如上人の頃より、よく「聴聞」、上に「お」をつけて「お聴聞」、「聞く」ということが非常に強調されて言われています。そしてそれは同時に「聞く」というままが「信心」であると言われます。その背景を簡単ではありますが、先に申し上げておきます。

1　浄土教における聞思想の背景

まず一番目は、「浄土教における聞思想の背景」ということであります。『大経』の下巻の最初に第十八願成就文があります。そこには「あらゆる衆生、その名号を聞きて」という文があり、浄土教の聞の出発点はこの文章になると思います。いわば阿弥陀仏の名前を聞いて信心歓喜する、ということから出発し展開していきます。

次に、法然聖人は「聞く」ということについてどのように見ているのか、ということですが、要するに『大経』の理解がどのようなものであったのか、ということは次に書いてあるものです。

二には願成就に諸の衆生有ってその名号を聞て、信心歓喜して乃至一念等とは、此の三あり。一には来意、二には一念十念等の義諸師不同なり、三には唯除五逆の義なり。

（『昭和新修法然上人全集』八七・八八頁）

法然聖人はこの第十八願成就文の「名号を聞く」ということについては、ほとんど関心を示しておりません。だから「聞く」を重視するということは、親鸞聖人の特色であると言えます。

親鸞聖人は『唯信鈔文意』に、

「多聞」は聖教をひろくおほくきき、信ずるなり。「持」はたもつといふ、たもつといふは、ならひまなぶこころをうしなはず、ちらさぬなり。「浄戒」は大小乗のもろもろの戒行、五戒・八戒・十善戒、小乗の具足衆戒、三千の威儀、六万の斎行、『梵網』の五十八戒、大乗一心金剛戒、三聚浄戒、大乗の具足戒等、すべて道俗の戒品、これらをたもつを「持」といふ。かやうのさまざまの戒品をたもてるいみじきひとびとも他力真実の信心をえてのちに真実報土には往生をとぐるなり。みづからのおのおのの戒善、おのおのの自力の信、自力の善にては実報土には生れずとなり。

（『浄土真宗聖典　註釈版』七〇六頁）

と言われています。これをまとめますと、多聞とあるように聞くと言うことは認めておられます。また持戒を実行している人がいることは認めながらも、戒律や善なる行為、自力の信、自力の善では浄土への往生はできない、と明かされています。つまりたくさん聞くことや、戒律を守る、善い行いをするというものでは往生はできない、と言われています。そこで改めて第十八願成就文の「聞」を含め、聞思想に着目することは親鸞聖人独自の理解であると言えるのではないかと思われます。

2　親鸞の聞の基本的理解

1）如実の聞と不如実の聞

親鸞聖人が、「聞く」をどのように理解されていたのかということでありますが、出発点は先ほども申しましたように、『大経』の第十八願成就文の中の「名号を聞く」という部分です。そしてこれも有名な言葉ではありますが、

しかるに『経』に「聞」といふは、衆生、仏願の生起本末を聞きて疑心あることなし、これを聞といふなり。（「信巻」『浄土真宗聖典』註釈版二五一頁）

と言われています。要するに「聞」とは、仏願の生起本末を聞くということがまず一点あります。その後に『涅槃経』を引いて、「聞」を示されています。その文は『教行信証』の「信巻」と「化巻」両方に引用がされてありますが、それは

またのたまはく、「信にまた二種あり。一つには聞より生ず、二つには思より生ず。この人の信心、聞よりして生じて、思より生ぜず。このゆゑに名づけて信不具足とす。また二種あり。一つには道ありと信ず、二つには得者を信ず。この人の信心、ただ道ありと信じて、すべて得道の人ありと信ぜざらん。これを名づけて信不具足とす」と。

（「信巻」『浄土真宗聖典　註釈版』二三七頁）

です。ここでは聞と思、それから道と得道という形で言われています。聞くだけでは、信不具足だということです。聞・思して初めて信具足になるのだと示されています。同じように道と得道についても、道があるというだけでは信不具足であり、道とその道を行く人両方があって信具足なのだ、ということです。つまり聞・思であると同時に道・得道であるのが信具足だ、と「信巻」では『涅槃経』を引用して明かされています。それからもう一つの「化巻」で引用されているの

には、

『涅槃経』にのたまはく……「いかなるをか名づけて聞不具足とする。如来の所説は十二部経なり、ただ六部を信じていまだ六部を信ぜず、このゆゑに名づけて聞不具足とす。またこの六部の経を受持すといへども、読誦にあたはずして他のために解説するは、利益するところなけん。このゆゑに名づけて聞不具足とす。またこの六部の経を受けをはりて、論議のためのゆゑに、勝他のためのゆゑに、利養のためのゆゑに、諸有のためのゆゑに、持読誦説せん。このゆゑに名づけて聞不具足とす」と。

（「化巻」『浄土真宗聖典　註釈版』四〇八頁）

とあります。十二部経とは仏教の教えのことです。仏教の教えが十二種類あって、その中で半分を信じる、半分を解説する、または議論のため、他より勝れているということのため、自分の利益のために用いることは、「聞」でも「信」でもないと述べられます。逆に言えば十二部経全てが説かれない限り、それは「聞」にはならないことになります。

次に「如実なる聞」、「不如実なる聞」についてですが、「真実の聞」と「真実ではない聞」という言い方でも結構かと思います。「真実の聞」とは、信そのものとしての「聞」ということです。「真実ではない聞」とは、信前の聞ということです。従来の真宗学ではどのように言われてきたかというと、「如実の聞」とは先ほどもありました「仏願の生起本末を聞いて疑いがない」第十八願の聞のことです。そして「不如実の聞」というのは真実ではない聞のことで、具体的には方便の願である第二十願のことです。第二十願には、その願文の中に「聞我名号」という言葉があります。第十八願と同じ「聞」という文字ですが、この第二十願の「聞我名号」の「聞」は真実ではないということになります。それを順番に言おうとすると、

①信前の聞法
②信そのものを内容とする聞法
③信後の聞法

となります。①は第十八願の信心そのものではない「聞」と言われるものです。それが第二十願の「聞」になります。②は信そのものの「聞」ですから第十八願の「聞」になります。最後に③は具体的には称名念仏ということになりますから、いわば称名念仏にかかわる「聞」になります。

①の信前の聞法という言い方はあまりされず、浄土真宗で「行」の初段階として念仏を策励することは問題があるけれども、行としての「聞」は大いに策励すべき、と言われます。それは親鸞聖人もご消息の中に

釈迦・弥陀の御方便にもよほされて、いま弥陀のちかひをもききはじめておはします身にて候ふなり

(『浄土真宗聖典　註釈版』七三九頁)

と、念仏の教えを聞き始めていることが述べられています。だから私たちも念仏の教えを聞くことは大いに勧めるべきではないか、ということです。

「聞」に関わる言葉として、「聴聞」という言葉を聞かれると思います。上に「お」がついて「お聴聞」と言われます。この「聴聞」という言葉を親鸞聖人はどのように使っておられるのか調べてみますと、たくさん使われている言葉ではないことがわかります。『教行信証』には四ヶ所しかありません。しかし、興味深いのは親鸞聖人自筆の『教行信証』である坂東本の中、この「聴聞」について親鸞聖人は振り仮名をつけておられます。どのようにつけておられるかというと、「ユリテキク　信シテキク」(『定親全』第一巻二九七頁)とあります。聞くということは、「ゆりて聞くことだ、信じて聞くことだ」と意味を定義されています。そして信じて聞くことは、疑心あることなしと言われているのですから、疑いを持って聞くということは「聞」にはならないということです。「ゆりて聞く」というのは、許されて聞くということで、聞法自体が、許されて聞くことができているということです。親鸞聖人は「聴聞」についてこのような理解をされています。

この「ゆりて聞く、信じて聞く」ということは親鸞聖人独自の意味なのか、という問題があります。そこで、親鸞聖人の時代にあった辞書を調べれば、その漢字をどうのように理解されていたのかが分かります。一つだけ挙げますと『字鏡集』には、

「聴」……「ユルス　コトハル　ウケタマハル　キク」
「聞」……「キク　キコユ　キゝシル　ヤハラカナリ　ホカラカナリ　キコシメス」

と記述されています。今日では、その辞書の意味をうけて『字源』という辞書があります。そこでは「聴」と「聞」を区別しています。

聴は此方より注意してきくなり、聴講・聴政の類、礼記に「聴二於無レ声視二

於無レ形」とあり。聞は先方の声の耳に入るなり「聞耳受レ声也、聴待レ声也」と註せるにて、別を知るべし　（一五五四頁）

このことから、

「聴」とは聞く者が自ら聞いていこうとする事態

「聞」は聞く者に、おのずから聞こえてくる事態

と表しています。要するに「聴」とは、私が聞こうとしているということです。そして「聞」とは、聞く者に向こうから自ずと聞こえてくるありかたのことです。

このような違いから金子大榮氏は、

仏法は聴かねば聞こえぬものであると違ひない。されば聴く者のすべてが、必ずしも聞き得るものではないようである。それは聴く事は聴く者の力であり、聞ゆる事は仏法そのものの用きであるからである。それ故に聴は聞の機縁ではあるが、しかも聴から聞へと連続するものではない。ここに求めずば

与えられず、されど与えらるゝものは求めたるものにあらず、という宗教的感激である。

と言われています。つまり聴と聞の関係は、「聴くということがなければ聞こえない、しかし聴いたからと言ってそれは如実の聞とはならない。聴は必要であるが、それは十分条件とはならない聴ということである」となり、信前の聞はあくまで如実の聞への過程としての聞と言えるのではないかと思います。言い換えるなら、「行者の聞は聴かなければ聞こえないが、だからといって聞いたものは、行者の計らいによって聴こえたものではない」ということです。これが、第十八願と第二十願の「聞く」の違いになります。

2）如実の聞の内実

もう一点は第十八願の「如実の聞」は一体どういうものなのか、ということで

す。これについては皆さんも色々なことを聞かれていると思いますから、改めて言う必要はないかもしれませんが、親鸞聖人は

「聞其名号」といふは、本願の名号をきくとのたまへるなり。きくといふは、本願をききて疑ふこころなきを「聞」といふなり。またきくといふは、信心をあらはす御のりなり。「信心歓喜乃至一念」といふは、「信心」は、如来の御ちかひをききて疑ふこころのなきなり。

（『一念多念文意』『浄土真宗聖典　註釈版』六七八頁）

と述べておられます。これをまとめますと、

「疑うこころのなきなり」……心相は無疑心

「聞」……「仏願の生起」「本末」を聞くこと

となります。ここで「仏願の生起」「本末」とは、

「仏願の生起」……本願が建立された理由

「本末」……「正信偈」依経段に明かされるように法蔵所修の本願建立の因
果
本願が建立された理由……凡愚の衆生を救済するために建立
ということです。疑うこころがないということは、それがそのまま信心になると
いうことです。その信心と言われるものは、二種深信とよばれるものでもありま
す。つまり、
真実信心の内実……「二種深信」
信相……自身は現にこれ罪悪生死の凡夫、曠劫よりこのかたつねに没し、つ
ねに流転して、出離の縁あることなしと信ず。二つには、決定して
深く、かの阿弥陀仏の四十八願は衆生を摂受して、疑なく慮りなく
かの願力に乗じて、さだめて往生を得と信ず
（「信巻」『浄土真宗聖典　註釈版』二一七・二一八頁）

となります。これを具体的に言えば

　如実の聞、真実信の内実……「如来と等し」「正定聚」「希有最勝人」

と親鸞聖人は述べておられます。信不具足とは、道があるとだけ信じることで、信心そのものではないのだ、ということが表されていました。つまり悟りへの道があることを信じながらも、悟りへの道を得た人がいることを信じないのは信不具足になるということです。それ故、本願があるとだけ信じるのは信心ではなく、その本願を信じていった人、あるいは自分の前を歩いていった人がいることを信じなければ信心ではない、ということです。親鸞聖人は和讃に、

　善知識にあふことも　をしふることもまたかたし　よくきくこともかたければ　信ずることもなほかたし　（「浄土和讃」『浄土真宗聖典　註釈版』五六八頁）

と示されます。これは本願を信じると同時に得道の人に値遇することがいかに難しいか、そしてその教えをそのまま聞くことがいかに難しいかということです。

いわば本願を信じ、その道を歩いている人を信じた時が真実の信となるにも関わらず、なかなか値遇することができない、ということです。道、得道の信不具足の有り様について早島鏡正氏は、

「一には道ありと信ず。二には得者を信ず。〔しかれども〕是の人の信心、ただ道ありと信じて、すべて得道の人ありと信ぜざらん。是れを名づけて信不具足（信を完全に具えていない者）となす」という。したがって完全な信心とは、「道」ありと信ずるとともに、「得道者」ありと信ずることであるという。浄土教の場合で言えば、名号のいわれを聞いて信じれば、そのことだけで完全な信心を得たと思いがちであるが、そうではない。わが浄土に往生するのは念仏一つによると信じると同時に、この念仏によって亡き父も母もみな現に浄土に生まれ、如来となりたもうていると信じなければ、その信心は不完全であるというのである。

と理解されます。親鸞聖人は信不具足の引文によって、道と得道者をともに信じていくことが真実信心、如実の信心の本来の意味であり、それがまさに仏道を歩むことだとされます。その意味から、『教行信証』の最後に『安楽集』の文が引用されています。

『安楽集』にいはく、「真言を採り集めて、往益を助修せしむ。いかんとなれば、前に生れんものは後を導き、後に生れんひとは前を訪へ、連続無窮にして、願はくは休止せざらしめんと欲す。無辺の生死海を尽さんがためのゆゑなり」と

（「化巻」『浄土真宗聖典　註釈版』四七四頁）

また『歎異抄』には、

親鸞におきては、ただ念仏して弥陀にたすけられまゐらすべしと、よきひとの仰せをかぶりて信ずるほかに別の子細なきなり

（『浄土真宗聖典　註釈版』八三二頁）

とあります。この「よきひと」とは具体的に言えば、法然聖人のことになります。本願を信じるありかたと、それと同時にその道を歩いていった人、この両方があってこそ「如実の聞」となるのではないでしょうか。

供養者と対面して僧の読経が行われている。
ラオス　ルアンパバーンの僧院にて

十一　「ひとり」の行方

はじめに

二〇一一年（平成二三）三月十一日は、日本人にとってまた一つ忘れることのできない日となりました。それは自然の脅威を前にして、ただただ茫然と立ち尽くすしかない人間の無力を知らされた日でもあり、また世の不条理に対するやり場のない怒りと絶望に満ちた悲しみの日でもあります。このような大災害が起こって以来、人々の目が震災によって惹起された悲劇に向かうのは当然のことです。そしてさまざまな悲しい出来事が報道されました。

その中で一つ気になる記事がありました。それは震災前に比べて結婚相談所への依頼が増えたという記事です。このことは震災後の社会動向の一つとして伝えられたものでしたが、それは震災前に提起されていた社会の問題と無縁ではなかったのです。それは「孤族」という言葉で語られていたことで、社会の中、単独で生活している人が多くなっているということです。このことは社会的なしがらみにしばられることなく人生を生きようとする積極的孤族の場合もあり、また逆に社会的な人間関係が断絶した結果としての消極的孤族の場合もあります。

しかし、この度の二〇〇〇年に一度ともいわれる震災を目の前にして、この「孤族」の有り様に変化が起こり、これまでだれにも頼る必要を感じなかった単独での生活に不安を感じ、結婚相談所への依頼が急増したというものです。このような社会事象は、現代社会における人間関係を象徴的に示しているものであり、未曾有の社会的危機によってあぶり出された、社会における人間のあり方を示していると思われます。

1　人間が求めてきたもの

人間は、生物としてきわめてか弱い存在だといわれます。それは人間の誕生からもみることができます。人間は誕生してから自らの足で立ち、行動できるようになるまでどれほどの時間と他の助力が必要であるか、ということは言葉を待つまでもないことでしょう。それに比べて草原に生きる動物は、生きるために誕生した直後から自らの足で立ち、親と行動を共にします。それは自分で行動しなければ、自らの命を守ることができないからです。では人間はどうかといいますと、鳥のように空を飛ぶこともできませんし、魚のように水中を自由に泳ぐ能力もありません。さらには鷹のように遠くの獲物を見つけることができる視力もありません。はたまた犬のような鋭い嗅覚をもっているわけでもありません。したがって人間は「孤」では生きることができませんでした。それゆえ人間は力を合わせて集団で生きてきました。

しかし人間が他の生き物と異なっているのは、「知性」を持っていたことです。知はさまざまな意味で、人間が生きるために必要なものを生み出してきました。それは火の利用からはじまり、さまざまな道具を発明し、そして文明というものを生み出しました。しかしそれでも一人で生きていくということはできませんでした。それは厳しい自然界の猛威、さらには人間界での争いがあったからです。そのために人間は血縁、地縁の人々と共に互いに助け合って生きてきたのです。そこでまず人が求めたものは、争いのない平和な世界でした。平和が求められるのは、まずもって身の安全が保たれるからです。

ところで、我々が今日生きている日本社会の安全度は、世界の他の国々と比して、どれくらいと考えられているのでしょうか。このことについて、調査を紹介した新聞記事がありました。それによると、世界の中でもっとも安全度の高い国の一位はアイスランドであり、また二位はニュージーランドだそうです。日本は三位にランクされており、続いて四位はデンマーク、五位がチェコというランキングが示されていました。また逆に危険度の高い国として一位、ソマリア・二位、イラク・三位、スーダン・四位、アフガニスタン・五位、北朝鮮の順番が示されていました。安全度で日本は三位にランクされていたのですが、ただ日本の安全度は随分と特異なものです。日本のように先進国であり、なおかつ人口密度の高い国で安全度が高いというのは、世界の安全度からは異質な性格であるようです。

ではこのように平和で安全が確保された人間は、次に何を求めるのでしょうか。それはより快適な生活であろうと思います。その手段として、人間は知性を駆使して科学を発展させてきました。それはただひたすらに、人間の生活を快適にするということであったと思います。もちろん、争いのなかでも文明の発展はありました。逆説的に言えば、争いがあったからこそ文明は発展したという皮肉な側面があったのも事実だと思います。また科学には単に生活の快適さを求めるという側面だけでなく、真理の探究という側面があったのも間違いのないことと思います。いわゆる人間の起源の問題や、宇宙の成り立ちの問題という側面です。それらが包括的なかたちで科学の発達はあったように思います。

しかしもっとも人間にとって恩恵をもたらしたのは、快適さを求めるという面であったと思います。古くは羅針盤、紙、火薬の発明であり、そしてさらに近世では、イギリスにおける産業革命による技術革新が人間に与えた恩恵です。近代になると科学的恩恵は、個人の生活をより快適なものにしていきました。快適さとは、個々人が自由にものごとが行えるパーソナルな世界ということです。具体的には家族が個々の部屋を持ち、そこには自分用のテレビ、コンピューター、携帯電話があり、さらには好きなものを時間を気にすることなく、いつでも自由に利用できるというものです。個々が快適に過ごすということは、個々人が周りの事情に拘束されることなく、自由に自分のしたいことができるというものです。今日、現代人は人類が望んできた夢を手に入れようとしているといっても過言ではない世界を、実現しつつあるといえます。

では人が自由かつパーソナルに、快適に生きることができる世界では、人間が生きるすべての問題が解決され、何の問題もないのでしょうか。そこには、多くの失った物があることが指摘されています。それはいわゆる「絆」といわれるものです。現在は個人的なつながりをはじめ、血縁、地縁等の関係がきわめて希薄になっているということです。ただ外部的なつながりの崩壊だけでなく、個人が何不自由なく生活できることによって、自分だけの生活をすることができるようになり、それゆえ家族のつながりも希薄になったといわれます。では、そこにおける現代人の有り様とはどのようなものでしょうか。

2　現代人の実相

現代人の平均寿命はおよそ八〇年といわれて久しくなっていますが、それはあくまで一般的な平均年齢であって、個々人においては様々であるということはいうまでもないことです。そして人が人生を生きるということは、現実的には、それぞれの年齢を具体的に生きているということです。では世代別のいま生きている姿は、どのようなものなのでしょうか。まず初めに、子どもの姿についてみますと、つぎのような話を聞いたことがあります。それは「雨ニモアテズ」というタイトルで、パロディとして表現されたものです。著名な詩人、宮沢賢治（一八九六～一九三三）が誕生してから一〇〇年以上経ちますが、その作品である「雨ニモマケズ」は今もなお読む者に感動をもたらします。宮沢賢治の故郷である盛岡の小児科医の先生が、学会で披露されたものだそうで作者については不明だそ

うです。それは、

雨ニモアテズ　風ニモアテズ　雪ニモ　夏ノ暑サニモアテズ　ブヨブヨノ体ニ　タクサン着コミ　意欲モナク　体力モナク　イツモブツブツ　不満ヲイツテイル

毎日　塾ニ追ワレ　テレビニ　吸イツイテ遊バズ　朝カラ　アクビヲシ　集会ガアレバ　貧血ヲ起コシ　アラユルコトヲ　自分ノタメダケ考エテカエリミズ　作業ハグズグズ　注意散漫スグニアキ　ソシテスグ忘レ　リッパナ家ノ　自分ノ部屋ニ閉ジコモッテイテ　東ニ病人アレバ　医者ガ悪イトイイ西ニツカレタ母アレバ　養老院ニ行ケトイイ　南ニ死ニソウナ人アレバ　寿命ダトイイ　北ニケンカヤソショウガアレバ　ナガメテカカワラズ　ヒデリノトキハ　冷房ヲツケ　ミンナニ勉強勉強トイワレ叱ラレモセズ　コワイモノモシラズ　コンナ現代ツ子ニ　誰ガシタ（産経新聞二〇〇〇、十、三一朝刊）

です。

また仕事盛りの壮年の世代については、かつて次のようなことを書いたことがあります（拙著『親鸞浄土教と師弟像』二〜三頁）。それは「感謝と競争」についての話です。とある企業経営者が話されたことですが、その話はまさに現代を象徴するような内容でした。話のポイントは二点ありました。まず一点目は、現代人は感謝のこころが希薄になっている、ということでした。特に若者においては、感謝のこころが少なくなっているのではないか、ということです。今日の人々、とくに若者の有り様についての発言です。さらに二点目は、現代社会の経済活動の実相についてです。それは、激烈な競争社会の実態です。企業としては徹底した能力主義であり、能力のない者は企業活動の中では置いてきぼりにされるということでした。企業経営者として、この二つが現代ではとくに大事であるということを強調された内容の話でした。

ところで、私はこの話を聞きながら何かしっくりこない感じを禁じ得ませんでした。それは経営者として大事であるとされた、感謝のこころと能力主義の有り様は、はたして両立するだろうか、という疑問でした。いやがうえでも実績のみが顧みられる能力主義の場ではどうなのでしょうか。能力主義の世界は、まさに激烈な競争社会です。はたしてそのような競争世界の中で、人は感謝の心を育むことができるのでしょうか。

このような二つの有り様は、いささか大げさにいえば、伝統的な思考と近代的な思考であるといえるかもしれません。そしてまさに現代人は、この両者の狭間に存在しているのであろうと思います。そこで重要なことは、企業の経営者が思考の矛盾に気がついているのかどうか、ということです。この二つの思考が個人的にも、社会的にも関係性をもたず独立的に、分断的に存在するところに現代の悲劇があるのではないでしょうか。二つの思考が矛盾しながらも相互に関係性をもつなら、各々の考えが止揚されます。すると、完全ではないかもしれませんが、徐々にではあっても修正され改善されていく可能性があるのではないでしょうか。企業経営者の話は、現代における問題を図らずも教えてくれているように思います。

それから、社会的活動からリタイアした現代人についての話です。これは、現代人にも通じる「老い」の姿です。「老い」についての有名な狂歌に臨済宗の仙崖義梵の『老人六歌仙』があります。この和尚については臨終の間際に遺言に「死にとうないわ」といわれたという有名な故事が残されています。その老いについての狂歌は次のようなものです。

しわがよる　ほくろが出来る　腰が曲がる
頭がはげる　ひげ白くなる
手は震え　足はよろつく
歯は抜ける　耳は聞こえず

目はうとくなる
身に添うは　頭巾襟巻
杖　眼鏡　たんぽ　おんじゃく
しゅびん　孫の手
聞きたがる　死にともがなる　淋しがる
心がひがむ　欲深くなる
くどくなる　気短になる　愚痴になる
出しゃばりたがる　世話焼きたがる
またしても　同じ話に　子を誉める　達者自慢に
人は嫌がる（出光美術館蔵）

というような内容です。面白おかしく、ということでもありますが、ある意味では、的を射た表現ではないか、と思われるのではないでしょうか。

故人の指摘や、現代の社会生活によって、今日の人間の有り様について見てきたのですが、それは、現代における各世代の生き様は、仏教的にいえば自我の生活であるということです。正確にいうと、現代人は自我的にしか生きられないということです。しかしこのことは、昔も今も変わることのない事実ではないでしょうか。現代は個々人が快適に生活することができるようになった結果、自我的な生き方があまりにも顕著になっていると思います。

3　個を支えるもの

このような社会の中において、個々人の生活についてはいろいろな問題があります。その一つの個を支える事例として、次のようなことがいわれます。それは、従来の家族機能に変化がおこっているということです。これまで各家庭で当然のようになされてきた、子育て・家事・看病・介護・供養等について、家族に頼れないと思っている人（三七％）が増えているということです。それは社会構造の変化によって起こってきたものであり、単身化・長期雇用の崩壊・女性の社会進出・家族関係の希薄化・コンビニ・外食産業の発展によってもたらされたものであり、人は孤族になっているということです。そして人の孤立化をふせぐために、社会的にはセーフネットの充実がはかられているのですが、しかしセーフネットが充実すればするほど、個々人が干渉することではない、ということになります。それゆえ人はますます孤立するという悪循環になってきているのではないでしょうか。

ましてや、個々人が快適な生活ができるような時代であればあるほど、他のことをかえりみる必要がなくなってしまっていると思います。このような時代の一例として、かつては当然のように行われていたお隣さんに対するお裾分けの習慣がありました。しかし近年ではどうでしょうか。隣近所においてもお互いが関知しないという感覚により、かつては日常的に行われていた、お裾分けの習慣もほとんど行うことがなくなっているのではないでしょうか。

4　ウサギとカメ

所変われば品変わるといわれるように、同じ話でも国が変われば大きく変わるのも当然であろうと思います。日本の昔話に「ウサギとカメ」の話があります。それはウサギさんとカメさんのどちらが早いか競争をしようというものです。話自体についてはいうまでもないことであろうと思います。ウサギさんとカメさんが、「ヨーイドン」、でスタートするのですが、カメさんは、とことことゆっくり進み、ウサギさんは、ぴょんぴょんとはねてさっさと走っていってしまったのです。ウサギさんは、「余裕、余裕、途中で一休みしていこう」と思い、お昼寝をしました。カメさんは、とことことゆっくりではありますが、お昼寝をしているウサギさんをいつのまにか追い越して、ついにはそのままゴールしました、というお話です。日本におけるこの話の意味は、人間は絶えず努力することが大事なのだ、ということを教える話であろうと思います。それゆえこのような話は重要な意味をもっているということです。

ところが、この同じ話をある児童文学者が、数十年前に中国の子どもたちに話をしたということを聞いたことがあります。その時、児童文学者に対して中国の子どもはどのような反応をしたかといいますと、「どうしてカメさんはウサギさんを起こして一緒に行かなかったのですか」という質問をしたということです。かつての中国の子どもにとっては、カメさんが先に行ったように、自分だけ先に行けばいいということについては少なからず疑問を持っていたと思います。そこには自分だけというよりも、共に、一緒に、というような想いがかつての中国の子どもにはあったということです。

しかし現代は、自分がもっとも好ましいと思うような快適な生活スタイルをすることが可能になりました。そのこと自体は、人類が長い歴史の中で願い追い求めてきたものです。それゆえ、決して止められるようなものではないと思います。これからもさらに個々人がより快適な生活ができるように願われ、またどこまでも求められるものであろうと思います。

個々人が快適な生活をもとめ、そのことが可能であるということは、一面、わがまま、身勝手ということであり、いわば個々人の我の満足でもあるといえます。このような人間の有り様は、自分のことしか考えず、他を思いやることができなくなったということではないかと思います。人間は人間らしい生活ができるように願い、そして大いなる努力を重ね、実現してきました。しかしその結果として、個々人が快適な生活をできるようになったがために、反って自我中心の人間になってきたということではないかと思います。

むすび

現代における妙好人とたたえられても過言ではない、金子みすゞに次のような詩があります。それは「私と小鳥と鈴と」と題するものです。

私が両手をひろげても、
お空はちっとも飛べないが、
飛べる小鳥は私のやうに、
地面《じべた》を速《はや》くは走れない。
私がからだをゆすっても、
きれいな音は出ないけど、
あの鳴る鈴は私のやうに
たくさんな唄は知らないよ。

鈴と、小鳥と、それから私、
みんなちがつて、みんないい。（『金子みすゞ全集・Ⅲ』一四五頁）

です。それは、『阿弥陀経』に

舎利弗《しゃりほつ》、極楽国土には七宝《しっぽう》の池あり。八功徳水《はっくどくすい》そのなかに充満せり。池の底にはもつぱら金の沙をもつて地に布けり。四辺の階道は、金・銀・瑠璃・玻《は》瓈合成《りごうじょう》せり。上に楼閣《ろうかく》あり。また金《こん》・銀《ごん》・瑠璃・玻瓈・硨磲《しゃこ》・赤珠《しゃくしゅ》・碼磁《めのう》をもつて、これを厳飾《ごんじき》す。池のなかの蓮華は、大きさ車輪のごとし。青色《しゃくしき》には青光《しょうこう》、黄色《おうしき》には黄光《おうこう》、赤色《しゃくしき》には赤光《しゃっこう》、白色《びゃくしき》には白光《びゃっこう》ありて、微妙香《みみょうこう》潔《けつ》なり。（『註釈版』一二二頁）

といわれるように、仏の悟りの世界である極楽国土では、個々が個々のまま、その特色が生かされる世界であります。しかし、現実の人間の世界は、『大経』には、人、世間愛欲のなかにありて、独り生れ独り死し、独り去り独り来る。行に当りて苦楽の地に至り趣く。身みづからこれを当くるに、代るものあることなし。善悪変化して、殃福《おうふく》処《ところ》を異にし、あらかじめ厳しく待ちてまさに独り趣入《しゅにゅう》すべし。遠く他所に至りぬればよく見るものなし。善悪自然《じねん》にして行を追うて生ずるところなり。窈々冥々《ようようみょうみょう》として別離久しく長し。道路同じからずして会ひ見ること期《ご》なし。はなはだ難《かた》く、はなはだ難ければ、またあひ値《あ》ふことを得んや。

（『註釈版』五六頁）

と教えられるように、孤独な存在であり、自分を他の誰かに代わってもらうということはできません。このような意味で言えば、人間の人生は孤独そのものです。しかし、孤独な人生を生きることができないのも人間であろうと思います。また一方で、人間は自由で快適な生活ができることを追い求めてきました。それゆえ現代人は、限りなく孤独な存在になっているということです。とすれば、自由で快適な生活を求める別のあり方でなければ、人間は孤独を免れないということであろうと思います。それは人間の価値基準を超えたものでなければならないということです。

親鸞聖人は、阿弥陀仏の教えに基づいて、人間のあり方を、「御同行」「御同朋」と呼ばれました。それはただひたすらに快適さを求める人間の価値観によって築かれた関係ではなく、阿弥陀仏によって位置づけられた、いわば、

「凡夫」といふは、無明煩悩われらが身にみちみちて、欲もおほく、いかり、はらだち、そねみ、ねたむこころおほくひまなくして、臨終の一念にいたるまでとどまらず、きえず、たえずと、水火二河のたとへにあらはれたり。

(『一念多念文意』・『註釈版』六九三頁)

と教示される、人間の真実の姿に目覚めることによって結ばれた相互関係です。それは人間は今後も、より快適な有り様を求めて実現していこうとするでしょう。それ

ゆえ人間は、よりさらに「孤族」になっていくかもしれません。そしてこのこと自体は、けっして止まることはないと思います。しかしそこに人間の真実の姿が見られている限り、単に人間の有り様は快適であればいいわけではないと気が付くと思います。そしてこの「気づき」にこそ、人間の「みんなちがって、みんないい」と示される真実の在り方があるのではないか、と思われます。

出典

一、伝道を考える
雪灯塾編『大悲のねがい』第二集
平成十三（二〇〇一）年六月二〇日

二、自ら倒れた大仏
『流れつゝ澄む』りゅうこくブックス　一〇一
平成十五（二〇〇三）年四月一日

三、失われた言葉
雪灯塾編『北のともしび』第三集
平成十七（二〇〇五）年五月二七日

四、葬送儀礼と仏教賛歌

『野石に花咲く』愚問会法話集Ⅳ
平成十七（二〇〇五）年十月十二日

五、〝老い〟を考える
『生かされて、生きる』りゅうこくブックス　一一一
平成十八（二〇〇六）年五月二一日

六、共感する力
『光暁』七一号　二〇〇六年お盆号
平成十八（二〇〇六）年七月一日

七、恐れと悲しみと微笑み
『あなたと私』りゅうこくブックス　一一九
平成二一（二〇〇九）年五月二一日

八、法然聖人と親鸞聖人―師と弟子―

『心』日曜講演会講演集　第三一集（武蔵野大学）
平成二四（二〇一二）年四月一日

九、氷が溶けたら何になる
『法輪』第二五号（相愛大学　宗教部）
平成二六（二〇一四）年三月十八日

十、真宗における実践―聞について―
『木辺学会』第三五号
平成二九（二〇一七）年五月二〇日

十一、「ひとり」の行方
『北のともしび』第四集
平成二六（二〇一四）年七月十五日

著者紹介
川添　泰信（かわそえ　たいしん）
1949年（昭和24年）宮崎県に生まれる。
龍谷大学文学部教授、真宗学専攻。
著書　『親鸞浄土教と師弟像』自照社出版、2009年
　　　『高僧和讃講讃』永田文昌堂、2010年
　　　「親鸞における人間様態の問題―三哉が明かすもの」（共著『智慧の潮』―親鸞の智慧・主体性・社会性 Shinshu Theorogy から見えてくる新しい水平線）武蔵野大学出版、2017年

表紙・挿絵
龍山崇道（龍谷大学大学院文学研究科修士課程２回生）

愚禿のこころ

2018年１月15日　印刷
2018年１月31日　発行

著　者　川　添　泰　信
発行者　永　田　　悟　京都市下京区花屋町通西洞院西入
印刷所　図書印刷 同　朋　舎　京都市下京区中堂寺鍵田町２
発行所　創業慶長年間 永　田　文　昌　堂　京都市下京区花屋町通西洞院西入
電　話（075）３７１－６６５１番
ＦＡＸ（075）３５１－９０３１番

ISBN978-4-8162-6238-8 C1015